Christina Mundlos

WENN MUTTER SEIN
NICHT GLÜCKLICH MACHT

Für Svea und Alexis

Christina
Mundlos

WENN MUTTER SEIN NICHT GLÜCKLICH MACHT

Das Phänomen
Regretting Motherhood

mvgverlag

Bibliografische Information der Deutschen Nationalbibliothek:
Die Deutsche Nationalbibliothek verzeichnet diese Publikation in der Deutschen
Nationalbibliografie; detaillierte bibliografische Daten sind im Internet über
http://d-nb.de abrufbar.

Für Fragen und Anregungen:
info@mvg-verlag.de

1. Auflage 2016

© 2015 by mvg Verlag, ein Imprint der Münchner Verlagsgruppe GmbH,
Nymphenburger Straße 86
D-80636 München
Tel.: 089 651285-0
Fax: 089 652096

Umschlaggestaltung: Melanie Melzer, München
Umschlagabbildung: Shutterstock
Satz: Daniel Förster, Belgern
Druck: CPI books GmbH, Leck
Printed in Germany

ISBN Print 978-3-86882-648-7
ISBN E-Book (PDF) 978-3-86415-897-1
ISBN E-Book (EPUB, Mobi) 978-3-86415-898-8

Weitere Informationen zum Verlag finden Sie unter

www.mvg-verlag.de

Beachten Sie auch unsere weiteren Verlage unter
www.muenchner-verlagsgruppe.de

»Ich kann mich nicht damit abfinden, dass ich sieben Tage die Woche und 24 Stunden am Tag Mama bin. Ich muss auch mal raus und brauche Zeit für mich.«
Melanie, 27

»Ich war vier Jahre bei meinen Kindern zu Hause, und das war zu viel für mich.«
Anna, 34

»Allein und ohne die Kleine wäre ich besser dran.«
Carina, 36

»Ich habe ihr niemals den Tod gewünscht, ich dachte einfach nur, was wäre, wenn sie nicht mehr da wäre, einfach »Puff«, und ich bin keine Mutter mehr und es hat sie niemals gegeben. Dieser Gedanke macht mich irgendwie glücklich, aber auch traurig zugleich, denn ich möchte sie nicht verlieren.«
Katja, 25

»Ich habe das Gefühl, alles entgleitet mir. Und
dass auf mich niemand Rücksicht nimmt.«
Anna, 34

»Bereits kurz nach der Entbindung konnte ich mich gar nicht übers Kind freuen.«
Claudia, 39

»Manche Reaktionen an den Kindern hasse
ich. Ich bin sehr verunsichert. Ich liebe sie.«
Marta, 49

»Ich bereue es. Es gab Jahre, die waren
einfach kein Leben.«
Claudia, 39

»Nach dem heutigen Wissen und der Erfahrungen der Jahre ohne meine Kinder habe
ich es sehr bereut, Mutter zu sein, da es
mich krank macht.«
Sabine, 50

»Ich wollte manchmal einfach ein Leben
wiederhaben, aber das ging nicht.«
Anna, 34

Inhalt

I. Einleitung

Es gibt Mütter, die ihre Mutterschaft bereuen.

Das legte die israelische Soziologin Orna Donath in ihrer Studie »Regretting Motherhood: A Sociopolitical Analysis« im Frühjahr 2015 eindrücklich dar[1] – und rührte damit an ein Tabu, an das sich bisher niemand je herangewagt hatte. Die Studie sorgte insbesondere in Deutschland für Aufsehen.

Donath fragte Mütter: »Wenn Sie in der Zeit zurückgehen könnten, mit den Erfahrungen und den Kenntnissen, die Sie heute haben, wären Sie dann Mutter geworden?« Auf diese Frage antworteten 23 Frauen mit »Nein«. Mit ebendiesen Frauen hat sich die Soziologin näher beschäftigt. Es sind israelische Mütter, die Donath zwischen 2008 und 2011 befragt hat. Die jüngsten waren Mitte 20, die ältesten Mitte 70, ihre Kinder waren zwischen einem und 48 Jahren alt. Die Frauen hatten zwischen ein und vier Kindern. Einige waren bereits Großmütter.

Diese Mütter äußerten sich folgendermaßen über ihre Mutterschaft:

> »Die Sache, die am schmerzhaftesten für mich ist, ist, dass es unmöglich ist, die Zeit zurückzudrehen. Unmöglich. Unmöglich zu reparieren.«

»Ich würde komplett darauf verzichten, Kinder zu haben. Wirklich. Ohne mit der Wimper zu zucken. Und es ist schwer für mich, das zu sagen, weil ich sie liebe. Sehr.«

»Allein dieses Konzept, wenn ein Kind mich ›Mama‹ nennt. Ich drehe mich um, schaue, welche Mutter gemeint ist. Bis zum heutigen Tag. Ich konnte keine Verbindung herstellen zu dem Konzept, der Rolle, den Konsequenzen dieser Verantwortung und Verpflichtung.«

»Nach der zweiten Geburt habe ich endgültig verstanden, dass das nichts für mich ist.«

»Die Wahrheit ist, ich kann keinen Vorzug darin sehen. Ehrlich überhaupt keinen.«

»Ich habe sofort gesehen, dass das nichts für mich ist. Und nicht nur, dass es nichts für mich ist, es ist der Alptraum meines Lebens.«[2]

Die Tatsache, dass es Mütter gibt, die gerne die Zeit zurückdrehen und sich gegen ein Kind entscheiden würden, wenn dies nur möglich wäre, wurde unter dem Stichwort Regretting Motherhood vor allem in den sozialen Netzwerken heftig diskutiert. Einerseits gab es harsche Kritik an den Frauen aus Donaths Studie, sie wurden als Rabenmütter, »keine richtigen Frauen«, gefühlskalte Egoistinnen oder psychisch Gestörte bzw. Abartige bezeichnet; andererseits bekundeten viele Mütter in Facebook-Kommentaren, auf Twitter oder in ihren eigenen Blogs, wie unzufrieden sie selbst mit ihrer Mutterrolle sind. Wochenlang wurde das Thema in den Printmedien, im Hörfunk und im Fernsehen besprochen.[3] Dabei ging es immer wieder um die Fragen:

- Warum schlägt diese Studie so hohe Wellen?

- Wie kommt es zu dem Reuegefühl der Mütter? Ist dieses »normal« oder »gestört«?

- Weshalb ist es bislang ein so großes Tabu gewesen, darüber zu sprechen?

- Wie können diese Frauen gleichzeitig ihr Kind lieben und dennoch die Mutterschaft bereuen?

- Warum wird dieses Thema besonders in Deutschland so intensiv diskutiert?

Dass Donaths Studie einem Stich ins Wespennest glich, steht in direktem Zusammenhang mit der bisherigen absoluten Tabuisierung des Phänomens Regretting Motherhood. Die Frustration aufseiten vieler Mütter ist schon länger relativ groß. Doch weil diese Frauen nicht kritisiert, stigmatisiert und ausgegrenzt werden wollen, behalten sie ihre Unzufriedenheit mehrheitlich für sich. Es ist ein gesellschaftlicher Konsens, dass Mutterschaft automatisch ein Glücksbringer für Frauen ist – für alle Frauen. Schließlich, so die Argumentation, ist es doch schon evolutionstechnisch gesehen die Rolle der Frau, Nachwuchs großzuziehen, es ist ihre ureigenste Aufgabe, geradezu ihr Lebenszweck. Dass sie in dieser Rolle Erfüllung findet, wird als gegeben angenommen.

Äußert eine Mutter, dass sie unglücklich ist, keine Freude an ihrem Alltag verspürt oder zu viel Druck und überhöhte Anforderungen ihr das Leben schwer machen, gilt sie schnell als »unnormal« und »krank«. Doch je seltener Frauen diese

Empfindungen äußern, als desto exotischer und unnormaler gelten diese, wenn sie denn einmal geäußert werden. Es ist ein Teufelskreis, aus dem es scheinbar kein Entrinnen gibt. Donaths bereuende Mütter haben diesen Teufelskreis aufgebrochen. Erstmalig haben sich Mütter – wenn auch zumeist anonym im Internet – getraut, über ihre negativen Gefühle zu sprechen. Und dadurch haben wiederum viele weitere Mütter gesehen und gehört: Es geht anderen also genauso, ich bin nicht allein mit meinem Unglück. Die Gesellschaft hat – zumindest ansatzweise – erkannt, dass es nicht exotisch ist, als Mutter unglücklich und unzufrieden mit dem eigenen Leben zu sein, sondern dass lediglich das Äußern dieser Unzufriedenheit und des Bereuens exotisch ist.

Es ist jedoch nach wie vor noch ein weiter Weg, bis Mütter endlich offen vor Familie, Bekannten, vor Kollegen oder im Freundeskreis äußern können: Die Mutterschaft hat mich unglücklich gemacht und ich bereue es, Mutter geworden zu sein. Das Tabu in unseren Köpfen ist omnipräsent und sehr wirkungsstark.

Hinzu kommt: Bevor man in der Lage ist, sich als bereuende Mutter zu outen, muss man zunächst vor sich selber zugeben, dass man sich nicht wieder für Kinder entscheiden würde, könnte man die Zeit zurückdrehen. Sich selbst dieses Gefühl einzugestehen ist sehr schwer, weil man befürchtet, dass es etwas über die eigenen Qualitäten als Mutter wie als Mensch und über die Gefühle dem Kind/den Kindern gegenüber aussagt.

Das heißt: Nicht nur die Gesellschaft stigmatisiert bereuende Mütter, auch sie selbst tun es – auch sie halten ihre Gefühle häufig für abnormal und krank, hadern damit, verabscheuen sich vielleicht sogar dafür. Dabei wird die Liebe zu den Kindern von dem Gefühl der Reue überhaupt nicht berührt. Dies zeigte bereits Orna Donath in ihrer Studie und es geht auch aus den Erzählungen der Mütter, die für dieses Buch befragt wurden, hervor: Liebe den Kindern gegenüber und die absolute Abneigung gegenüber der Mutterrolle schließen sich nicht gegenseitig aus. Sie sind zwei gleichzeitig nebeneinander existierende ambivalente Empfindungen.

Haben Mütter sich selbst gegenüber eingestanden, dass sie zu den bereuenden Müttern gehören, ist es dennoch sehr schwer, dies auch anderen gegenüber zuzugeben. Die Angst, vom Umfeld als Rabenmutter betrachtet, offen angegriffen und abgestraft zu werden und vielleicht auch von sozialen Kontakten und Gruppen ausgeschlossen zu werden, ist groß. Der Konkurrenzkampf unter Müttern ist weitverbreitet. Jede noch so kleine vermeintliche Verfehlung wird zum Anlass genommen, sich gegenseitig Vorwürfe zu machen oder auch einzelne Mütter durch ganze Gruppen zu mobben. Der Vorwurf, dass eine Mutter, die es bereut, Kinder bekommen zu haben, ihre Kinder unmöglich lieben kann, steht schnell im Raum. Für viele ist das gleichzeitige Vorhandensein beider Gefühle, Reue und Liebe, vollkommen unverständlich und sogar unvorstellbar. Einer bereuenden Mutter wird im Regelfall sofort unterstellt, sie würde ihre Kinder nicht lieben. Und eine Mutter, die ihre Kinder nicht liebt, gilt als unnormal, psychisch krank und asozial.

Wir haben es also eigentlich mit zwei Tabus zu tun. Das eine ist das Tabu, dass eine Mutter sich nicht wünschen darf, die Zeit zurückdrehen zu können, um sich für ein Leben ohne Kinder zu entscheiden. Das zweite und vermutlich noch viel stärkere Tabu ist, dass eine Mutter keine Mutterliebe verspürt. Auch das gibt es, wie wir wissen, wenn es auch nicht Thema dieses Buches ist – denn bei Regretting Motherhood handelt es sich um eben die Ablehnung der Mutterrolle, nicht des Kindes selbst. Allerdings sagt die Vorstellung, dass eine Mutter ihr leibliches Kind automatisch lieben muss, sehr viel über unser Mutterbild und unsere Vorstellung von »wahrer Mutterliebe« aus.

Die Tatsache, dass Mütter, die ihre Rolle ablehnen und als enorm belastend empfinden, ihre Kinder deshalb nicht weniger lieben, deutet bereits an, weshalb diese Frauen die Einschränkungen und Belastungen überhaupt auf sich nehmen. Ambivalenz ist ein völlig normales Phänomen, das wir aus vielen verschiedenen Lebensbereichen kennen. Die Psychologin Brigitte Ramsauer beschreibt das Anerkennen dieser Ambivalenz sogar als Kompetenz: »Es geht um die Fähigkeit, diese gegensätzlichen Gefühle anzuerkennen, zu tolerieren, in sich und in den eigenen Alltag zu integrieren. Darin besteht der Reifeprozess. Die Ambivalenz bei Müttern ist ganz normal.«[4]

Somit wären diejenigen, die sowohl ihre Reue als auch ihre Liebe spüren, akzeptieren und ausdrücken können, sogar psychisch gesünder als diejenigen, die krampfhaft alle negativen Gefühle unterdrücken. Die Ambivalenz bei Müttern ist normal. Sie erscheint uns jedoch als etwas Unnormales, da der Muttermythos der absolut selbstlosen Mutter, die sich für andere zurücknimmt, ihre eigenen Bedürfnisse verdrängt und sich stets um die Bedürfnisse ihrer Kinder kümmert, nach wie vor fest in unseren Köpfen verankert ist. Streng genommen geht dieser Mythos sogar noch weiter: Er besagt, dass die Bedürfnisse von Müttern letztlich identisch sind mit den Bedürfnissen der Kinder und dass Mütter eben beim Erfüllen der Bedürfnisse anderer größtes Glück empfinden.

Frauen, die ihre Mutterschaft bereuen, sind also weder psychisch krank noch egoistisch oder selbstverliebt. Sie sind völlig normal.

Wie viele Mütter ihre Mutterschaft bereuen, ist nicht bekannt. Es gibt keine Untersuchungen dazu und daher lassen sich die Zahlen lediglich schätzen. Viel wichtiger jedoch, als die genaue Anzahl der »Regretting Mothers« zu kennen, ist es, zu verstehen, dass diese viel mehr mit all den anderen Müttern, die sich nicht zu den Bereuenden zählen, gemeinsam haben, als häufig angenommen wird.

Die Stärke der Identifikation mit der Mutterrolle und das Ausmaß der Zufriedenheit mit der Mutterschaft kann als Kontinuum mit zwei Polen gesehen werden. Auf der einen Seite stehen die Mütter, die völlig in der Mutterrolle aufgehen, die ein Höchstmaß an Zufriedenheit aus der Mutterschaft ziehen können und sich absolut mit allen Aspekten dieses Lebensstils identifizieren. Am anderen Ende des Kontinuums stehen die Mütter, die der Mutterschaft keine positiven Seiten abgewinnen können, die vollkommen unglücklich mit der Mutterrolle sind, sich mit dieser überhaupt nicht identifizieren können, sie ablehnen und die es bereuen, jemals Mutter geworden zu sein.

Zwischen diesen beiden Polen befinden sich die meisten Mütter. Sie tragen beide Empfindungen in sich. Sie kennen die glücklichen und sinnstiftenden Momente genauso, wie sie die Belastungen und Einschränkungen als negativ betrachten. Im Rahmen meiner Arbeit konnte ich beobachten, dass in den letzten 20 Jahren die Gruppe der Mütter, die sehr unzufrieden ist und sich nahe am »Pol des Bereuens« befindet, immer größer wird. Es gab eine Verschiebung weg von der »glücklichen Seite« der Mutterschaft hin zu den negativen Gefühlen, die mit der Mutterrolle in Verbindung gebracht werden. Zumindest stellte sich mir dies so dar.

Dies liegt an der Zunahme der Ansprüche an Mütter im Lauf der letzten Jahrzehnte. Zu keiner Zeit war der Aufgabenkatalog, den Mütter zu erfüllen hatten, derart dick, wie dies heute der Fall ist. Die Anforderungen sind derart angewachsen, dass sie menschenunmöglich zu erfüllen sind. Daher nehmen sich Mütter permanent als defizitär und scheiternd wahr. Dieser Wandel der Mutterrolle kann als direkte Reaktion auf die dritte Welle der Frauenbewegung in den 1970er-Jahren verstanden werden, als der sogenannte Backlash. Unser Mutterbild ist frauenfeindlich und antifeministisch.

Es wundert nicht, dass Menschen, die permanent überfordert werden, letztlich unglücklich und unzufrieden sind. Denn was immer Mütter auch an Anstrengungen unternehmen, um dem gesellschaftlichen Bild der »guten Mutter« zu entsprechen, sie können es niemals ganz erreichen, nie fertig, nie perfekt sein.

Der Druck, der auf Müttern lastet, kommt dabei aus der gesamten Gesellschaft. Die überhöhten Ansprüche werden an die Frauen herangetragen von der Politik, den Medien, den Elternzeitschriften, von den Großeltern, den Schwiegereltern, von Arbeitgebern und anderen Müttern. Insbesondere auch in den Schwangerschafts-, Mütter- und Babykursen werden die Frauen unter Druck gesetzt und stacheln sich gegenseitig mit ihren Vorstellungen und Erzählungen über das, was angeblich die perfekte Mutter ausmacht, an.

Dennoch sind viele Frauen nicht in der Lage, diese Forderungen von sich zu weisen, sie als frauenfeindlich und überfordernd zu entlarven und sich von ihnen zu lösen. Dies scheint zwar die logische Lösung zu sein, stellt sich in der Realität aber als äußerst schwierig umsetzbar dar. Der soziale Druck ist extrem hoch. Mütter haben permanent Angst, von anderen Müttern ausgeschlossen, von Erzieherinnen und Lehrerinnen zurechtgewiesen zu werden, offene Kritik und Vorwürfe zu hören zu bekommen und am gesellschaftlichen Mütter-Pranger zu landen. Deshalb gilt unter Müttern längst das geheime

Credo: Man muss jeder noch so absurden Erwartung hinterherhecheln, und alle Punkte, die man beim besten Willen nicht erfüllen kann, muss man versuchen zu kaschieren und zu vertuschen. Am besten lenkt man von den eigenen vermeintlichen Unzulänglichkeiten ab, indem man auf die »Fehler« und »Makel« anderer Mütter verweist.

Mütter stehen folglich unter Dauerstress: keine Zeit, großer sozialer Druck, eine ellenlange Liste an Aufgaben und permanente »Du musst«-Botschaften. Kein Wunder, dass Mütter erschöpft sind und häufig kurz vor dem Burn-out stehen. Ihre eigenen Bedürfnisse kommen stets zu kurz. Sie sind anders als frühere Müttergenerationen meist berufstätig, doch die Aufgaben in Haushalt und Kindererziehung sind nicht weniger geworden. Familie und Beruf lassen sich fast immer schlecht oder gar nicht wirklich vereinbaren. Die Arbeitgeber sind nicht familienfreundlich (genug), die Politik setzt mit Betreuungsgeld und Ehegattensplitting Fehlanreize und hat den Ausbau der Kinderbetreuungsplätze viel zu lange verschlafen, die Väter beteiligen sich nach wie vor zu wenig in Küche und Kinderzimmer. Frauen, die ihre Mutterschaft bereuen, äußern vorwiegend, dass sie durch ihre Kinder und die damit verbundenen Aufgaben ihre Eigenständigkeit und Identität verloren haben. Zudem beklagen sehr viele von ihnen immer wieder, dass es unerträglich schwierig sei, Beruf und Familie unter einen Hut zu bekommen. Der Versuch erscheint wie ein Improvisations-Drahtseilakt, wie ein Marathon im Hamsterrad.

Doch sind an einem Kind nicht üblicherweise zwei Menschen beteiligt? Weshalb scheint es kein »Regretting Fatherhood« zu geben?

Väter spüren natürlich auch die Anstrengungen, die mit der Geburt eines Kindes und generell mit der Elternschaft einhergehen. Doch bei Vätern ist es gesellschaftlich wesentlich akzeptierter, wenn sie sich aus der Kindererziehung heraushalten. Sie haben eher die Möglichkeit, vor den Lebensbereichen, die sie belasten und stressen, weitestgehend die Flucht anzutreten. Männer werden dafür nicht im selben Maß wie Frauen gesellschaftlich geächtet oder kritisiert. Sie übernehmen mehrheitlich weiterhin die Rolle des Ernährers.

Studien belegen sogar, dass Väter nach der Geburt des ersten Kindes plötzlich deutlich mehr Überstunden machen und mehr Zeit mit ihren Hobbys verbringen. Muss ein Vater montags bis spätabends arbeiten, ist dienstags und donnerstags abends beim Sport und am Wochenende wahlweise beruflich oder mit Freunden unterwegs, ist das sozial absolut akzeptiert. Würde eine Mutter sich diese »Freiheiten herausnehmen«, würde sich jeder darüber wundern, man würde hinter vorgehaltener Hand oder auch ganz offen schlecht über sie sprechen. Dass der Vater »Erholung« von der Arbeit braucht, wird akzeptiert – dass Muttersein ein ebenso harter Job ist, von dem man Erholung braucht, und nicht etwa nur gemütliches »den ganzen Tag zu Hause sein«, ist noch immer viel zu wenig in den Köpfen verankert.

Folglich kommen Väter deutlich seltener an den Punkt, an dem sie ihre Vaterschaft bereuen würden. Sie müssen seltener bisherige Aspekte ihres Lebens aufgeben, um Platz für ihre Vaterrolle zu machen, sondern addieren sie quasi zu ihren sonstigen Lebensinhalten hinzu – in dem Ausmaß, wie es für sie angenehm ist. Sie haben häufig die Möglichkeit, ihrer Partnerin große Teile oder auch die gesamte Verantwortung und Arbeit zu überlassen.

Das Thema Regretting Motherhood geht aber nicht nur Mütter und Väter an. Es betrifft auch Kinderlose. Orna Donath wurde auf das Thema der bereuenden Mütter überhaupt erst aufmerksam, weil sie sich in einer Studie mit Kinderlosen beschäftigte, die über den gesellschaftlichen Druck sprachen, Kinder bekommen zu müssen. So wurden diese immer wieder mit der Warnung konfrontiert, dass sie eines Tages ihre Entscheidung gegen Kinder bereuen würden. Das brachte Donath auf die Frage, ob es auch Frauen gibt, die sich für Kinder entschieden haben und dies später bereuen.

Deutlich gängiger und stärker im öffentlichen Bewusstsein verankert ist also im Zusammenhang mit dem Reuegefühl die Thematisierung des Lebensmodells, keine Kinder zu bekommen. Nachdem ich im Frühjahr 2015 mehrfach von den Medien zu dem Phänomen Regretting Motherhood befragt wurde, meldeten sich auch tatsächlich Kinderlose bei mir. Sie schrieben, dass sie sehr froh darüber seien, dass dieses Thema öffentlich diskutiert wird. Sie hatten sich trotz vieler Einwände aus dem Familien-, Freundes- und Kollegenkreis gegen Kinder entschieden und sahen ihre Entscheidung nun ein Stück weit mit Argumenten unterfüttert. Sie erhofften sich, dass nun endlich der soziale Druck auf Kinderlose abnimmt, Kinder zu bekommen. Denn wenn der Mythos, dass Mutterschaft automatisch glücklich macht, entzaubert wird, dann würde auch die Vorstellung, dass Kinderlosigkeit automatisch unglücklich macht, als Irrtum entlarvt.

Eben das ist auch ein Ziel dieses Buches: den Muttermythos, sprich die Mutterschaft als unabdingbaren Glücksspender, zu demontieren. Darüber hinaus soll nicht nur aufgezeigt werden, dass Mütter durchaus unglücklich sein können. Anliegen dieses Buches ist es zudem, die Gründe für die Unzufriedenheit und sogar das Bereuen der Mutterschaft zu erläutern, was hoffentlich das Verständnis für Betroffene fördern wird. Dabei spielen auch politische Rahmenbedingungen und mediale Einflussnahme eine wichtige Rolle.

Zu Beginn meiner Recherchen für das vorliegende Buch stand neben dem Einlesen in die vorhandene Lektüre zu dem Thema auch die Suche nach Müttern, die ihre Mutterschaft bereuen oder zumindest sehr unglücklich mit ihrer Mutterrolle sind. Dabei bin ich zwei Wege gegangen:

Einerseits habe ich mit sehr vielen Journalisten Kontakt aufgenommen, die in den letzten Monaten zu dem Thema gearbeitet und veröffentlicht hatten und die selbst bei ihren Recherchen auf Betroffene gestoßen sein könnten. Von diesen erhielt ich bereits einige Kontakte. Für die *Augsburger Allgemeine* hatte Lea Thies sogar 20 Gesprächsprotokolle von bereuenden Müttern angefertigt, auf die ich zurückgreifen konnte.[5] Andererseits habe ich in diversen sozialen Netzwerken gezielt nach Betroffenen gesucht, indem ich sowohl Einträge zum Thema Regretting Motherhood studiert als auch selbst Aufrufe in den sozialen Netzwerken lanciert habe. In wenigen Tagen hatte ich auf diesem Wege rund 50 Mütter gefunden, die bereit waren, sich an dem Buch zu beteiligen. Ich habe ihnen einen Fragebogen zugesandt, der in Kapitel IV abgedruckt ist. Selbstverständlich habe ich den Müttern eine vollständige Anonymisierung ihrer Person zugesichert, sodass nicht die realen Namen Verwendung finden. Damit jedoch besser eingeordnet werden kann, wer sich hinter welcher Aussage verbirgt, habe ich die groben Fakten (Alter, Beruf, Bundesland, Anzahl und Alter der Kinder, Lebenssituation) mit erhoben und hier im Buch aufgeführt.

Doch zunächst wird es im folgenden Kapitel darum gehen, das Phänomen Regretting Motherhood zu beschreiben und zu definieren. Dafür wird auch der Begriff der Reue ganz allgemein thematisiert. Es erfolgt eine psychologische Einordnung des Reuegefühls bei den Müttern, und in diesem Zusammenhang wird auch der Aspekt der Ambivalenz näher beleuchtet.

Es wird der Frage nachgegangen, wie die beiden ambivalenten Gefühle, das Bereuen der Mutterschaft und die Liebe gegenüber den Kindern, aus psychologischer Sicht zu verstehen und einzuordnen sind.

Im dritten Kapitel wird der Wandel der Mutterrolle in den letzten 150 bis 160 Jahren genauer dargestellt. Der Fokus liegt dabei auf den letzten 50 bis 60 Jahren.

Im vierten Kapitel werden schließlich die 18 Betroffenen, deren Fragebögen ich in dieses Buch mit einbeziehe, vorgestellt. Es handelt sich dabei um die Frauen, die ich speziell für dieses Buch gewinnen konnte und die mir ausführlich Fragen zu ihrer Lebenssituation beantwortet haben. Sie sprechen darüber, was genau die Mutterrolle für sie zur Zumutung macht, was ihnen am schwersten fällt, wie sie mit dem Gefühl der Reue und auch der Ambivalenz umgehen und wie stark sie eine Tabuisierung dieses Themas verspüren. Von den ursprünglich 50 Müttern, die den Fragebogen zum Thema Regretting Motherhood ausfüllen wollten, sind im Laufe der Wochen nur 21 Mütter übrig geblieben. 18 dieser 21 Mütter schienen mir passend für dieses Buch und wurden daher für das Kapitel ausgewählt. Anschließend werden im fünften Kapitel die Beschreibungen der bereuenden Mütter analysiert, Besonderheiten, Gemeinsamkeiten und Unterschiede zwischen ihnen aufgezeigt.

Im nachfolgenden Kapitel stehen schließlich die kinderlosen Frauen im Fokus. Es wird genauer beschrieben, unter welchem Druck diese Frauen stehen und wie unser aktuelles Mutterbild auch den Umgang mit gewollt Kinderlosen beeinflusst. Der Bezug zum Thema Regretting Motherhood wird deutlich gemacht und aufgezeigt, inwiefern diese Debatte über die bereuenden Mütter auch den (nicht)bereuenden kinderlosen Frauen helfen und diese entlasten kann – denn Frauen, die durch gesellschaftlichen Druck Kinder bekommen, ohne dies wirklich zu wollen, sind die bereuenden Mütter von morgen.

Im siebten Kapitel wird genauer beleuchtet, welchen Einfluss die Politik auf die Thematik hat. Es werden die konkreten Gesetze und politischen Beschlüsse betrachtet, die Müttern das Leben erschweren, die zur Unzufriedenheit beitragen, die die Vereinbarung von Familie und Beruf verkomplizieren und durch welche nach wie vor die Hausfrauenehe subventioniert und Fehlanreize gesetzt werden. Dabei sind insbesondere die Familien- und die Bildungspolitik von Interesse, da diese besonders stark und direkt auf die Arbeitsbelastung und Arbeitsteilung innerhalb der Familien wirken und nach wie vor die traditionelle Geschlechterrollenverteilung provozieren und manifestieren. Es werden auch konkrete politische Gegenkonzepte entworfen und Vorschläge gemacht, wie die Politik die Situation der Mütter entspannen könnte.

Im achten Kapitel werden schlussendlich Tipps für Kinderlose, Schwangere, Mütter und Väter gegeben. Wie können sie mit dem Thema umgehen? Was können sie selbst präventiv tun, um der Unzufriedenheit entgegenzuwirken? Kann man es vermeiden, an den Punkt zu gelangen, an dem man die Mutterschaft bereut? Welche Hilfen gibt es? Was könnte Kinderlosen bei der Entscheidung helfen, ob sie Kinder bekommen wollen oder nicht? Denn auch Kinderlose haben oftmals ambivalente Gefühle und können sich nur schwer entscheiden, ob sie Kinder bekommen möchten. Auch die Frage, was Mütter tun können, die die bereuende Mutter in sich finden, wird beleuchtet. Zum Schluss folgt eine Zusammenfassung der Ergebnisse.

Dieses Buch möchte das Thema Regretting Motherhood in seiner Bandbreite darstellen. Es wird manchen Mythos entzaubern und manches Tabu aussprechen. Hoffentlich wird es betroffenen Müttern helfen, ihre eigenen Gefühle einzuordnen, und bei Nichtbetroffenen Verständnis für die Problematik und Sensibilisierung für gesellschaftliche Probleme bewirken.

Christina Mundlos, September 2015

II. Das Phänomen Regretting Motherhood

Dass Mutterschaft ein Garant für Glück und Sinnstiftung ist, ist ein Mythos. Nicht alle Mütter empfinden ihre Mutterrolle als Glücksspender. Vermutlich würden die meisten sogar zugeben, dass sie von Zeit zu Zeit den starken Wunsch haben, wenigstens für kurze Zeit ausbrechen zu können – aus dem Alltag, aus ihrer Verantwortung, aus stressigen und nervenaufreibenden Situationen mit ihren Kindern.

Doch bei den Müttern, die bei der Regretting Motherhood-Debatte gemeint sind, geht es nicht nur um den kurzfristigen Wunsch nach Erholung, Ruhe und einer Pause vom Alltagsgeschäft. Es geht auch nicht um die postnatale Depression, die manche Mütter nach der Geburt erfasst und die verhindert, dass sie sich mit der Mutterrolle identifizieren und eine Bindung zu ihrem Kind aufbauen.

Es geht um das durchgängige und langfristige Gefühl, dass die Entscheidung, Kinder zu bekommen, eine falsche war.

Diese Frauen berichten, dass sie sich mit all den Erkenntnissen und Erfahrungen, die sie jetzt haben, und mit all dem Wissen über ein Leben mit Kindern bzw. über ein Leben als Mutter nicht wieder für Kinder entscheiden würden. Wäre es ihnen möglich gewesen, bereits in der Vergangenheit – noch bevor sie schwanger waren – eine realistische Vorstellung von ihrem späteren Leben als Mutter zu haben, dann hätten sie keine Kinder bekommen wollen.

Sie leben ein Leben, das ihnen nicht gefällt, das sie sich so nie ausgesucht hätten und das sie unglücklich macht. Sie beschreiben, dass sie all ihre eigenen Bedürfnisse verdrängen, unterdrücken und ignorieren müssen – und zwar nicht nur für ein paar Stunden oder für ein paar Wochen, sondern für Jahre und Jahrzehnte. Die bereuenden Mütter haben nicht mehr das Gefühl, sie selbst zu sein, sie funktionieren nur noch, wie es von ihnen erwartet wird. Sie fühlen sich gefangen im Korsett der Mutterrolle, aus der es kein Entrinnen mehr gibt. Denn die Entscheidung für Kinder ist eine, die unmöglich rückgängig zu machen ist und die das Leben zudem auf Jahrzehnte hinaus bestimmt.

Die 23 israelischen Mütter, die Orna Donath befragt hat, bereuen ihre Mutterschaft. Einige von ihnen sind verheiratet oder leben in einer Partnerschaft. Manche sind alleinerziehend und wieder andere leben getrennt vom Partner, der alleinerziehend ist. Und während diese Frauen die Mutterschaft bereuen und beteuern, sie hätten keine Kinder bekommen, wenn sie früher gewusst hätten, was auf sie zukommt, geben doch alle an, ihre Kinder sehr zu lieben. In dieser Ambivalenz steckt eine gewisse Dramatik. Denn diese Frauen verabscheuen zwar ihr Leben, das sie unter anderem als Katastrophe bezeichnen, aber sie lieben ihre Kinder und leben dieses so unliebsame Leben deshalb weiter. Diese Ambivalenz verhindert ein Ausbrechen, das unter anderen Umständen die natürliche Reaktion wäre.

Donath zeigt auf, dass die Lebensumstände der von ihr befragten bereuenden Mütter völlig unterschiedliche sind. Die Frauen stammen aus unterschiedlichen Schichten und aus unterschiedlichen ökonomischen Verhältnissen. Einige haben junge Kinder und andere haben Teenager. Bei einigen Müttern leben die Kinder beim Vater und sie selbst sind weniger in die Kindererziehung involviert. Andere sind hauptsächlich für die Kinder zuständig.

Daher resümiert Donath, dass sich Regretting Motherhood unabhängig von Umständen und Lebensverhältnissen quer durch alle Schichten zieht und letztlich bei jeder Frau auftreten kann. Die typische bereuende Mutter gibt es somit nicht.

Die Reaktion auf bereuende Mütter: Abwehr

Doch woher kommt das Gefühl, man hätte besser keine Kinder bekommen? Um die Antwort auf diese Frage zu finden, muss man eigentlich erst einmal überlegen, weshalb man diese Frage stellt.

Es ist in unserer Gesellschaft keine Seltenheit, dass Menschen ihre Handlungen oder Entscheidungen bereuen. Es ist in den verschiedensten Lebensbereichen, ob privat oder beruflich, absolut verbreitet, dass Menschen einen Weg einschlagen und hinterher bereuen, nicht einen anderen genommen, eine andere Entscheidung getroffen zu haben; gegebenenfalls werden Entscheidungen dann eben auch angepasst oder rückgängig gemacht. Insbesondere passiert dies, wenn man später zu weiteren Informationen gelangt, die den ursprünglichen Erwartungen widersprechen. Doch dass eine Frau Kinder bekommt und diese Entscheidung später bereut, können wir nicht nachvollziehen.

Warum eigentlich? Kinder zu bekommen gehört zu den größten Entscheidungen, die wir überhaupt treffen können – schließlich wird das ganze Leben von diesem Moment an von ihnen mitbestimmt. Eine stärker lebensverändernde Entscheidung ist kaum denkbar. Die Reaktion auf bereuende Mütter ist jedoch nicht selten ein gehässiges »Das hättest du dir halt vorher überlegen müssen!«. Eine absurde Anmaßung, die bei anderen (ungleich weniger weitreichenden) Fehlentscheidungen deutlich seltener geäußert wird; in anderen Zusammenhängen wird durchaus akzeptiert, dass man vieles erst ausprobieren muss, um herauszufinden, ob man sich dafür eignet. Welche Mutter, welcher Vater könnte ernsthaft behaupten, dass die Elternschaft wirklich in ihrer ganzen Tragweite und all ihren Aspekten erfasst werden kann, bevor man tatsächlich Eltern geworden ist? »Das kann man sich vorher gar nicht vorstellen« – diesen Satz hört man häufig von jungen Müttern, und kaum jemand zweifelt daran. Gleichzeitig wird aber Müttern, die sich über die Anforderungen ihrer Rolle beklagen und ihre Entscheidung bereuen, vorgehalten, sie hätten diese richtig einschätzen müssen, bevor sie schwanger wurden. Wie genau und auf welcher Grundlage sie dies hätten tun sollen, darüber schweigen die Kritiker.

Mutterschaft und Reue können wir in unseren Köpfen kaum in einen sinnvollen Zusammenhang bringen. Es scheint so, als würde sich beides vollständig ausschließen. Daher sagt die Frage, weshalb eine Frau ihre Mutterschaft bereut, mehr über unser Frauen- und Mutterbild aus als über diese Frauen selbst. Allein die Tatsache, dass uns die Gründe erforschenswert erscheinen, zeigt, dass unser Mutterbild durch dieses Phänomen auf den Kopf gestellt wird. Eine Mutter bereut nicht, eine Mutter freut sich – so unsere Annahme.

Bei den Recherchen zu dem Thema in den sozialen Netzwerken erlebte ich immer wieder, dass meine Aufrufe auf der Suche nach bereuenden Müttern mit gehässigen Kommentaren beantwortet wurden. Das Thema sei »gruselig«. Ich wurde dafür angegriffen, dass ich mich diesem »furchtbaren Thema« widmete. Ich würde wohl wollen, dass überhaupt niemand mehr Kinder bekommt (dass ich niemanden dazu animierte, die Mutterschaft abzulehnen, sondern lediglich Mütter suchte, bei denen dies bereits der Fall war, zählte offenbar nicht). Es wäre krankhaft und abstoßend, überhaupt nach solchen Müttern zu suchen. Und stets wurden Warnungen ausgestoßen: »Eine Mutter, die sich darauf meldet, ist keine richtige Mutter.« Man behauptete: »Solche Mütter gibt es nicht, denn wer das bereut, ist keine echte Mutter.« Und immer wieder schrieben Mütter, dass sie es schrecklich fänden, wenn Mütter ihre Kinder nicht lieben.

Ich ging schließlich dazu über, meinen Aufrufen den Nebensatz hinzuzufügen, dass diese Frauen sehr wohl ihre Kinder lieben. Denn selbst viele Betroffene konnten sich kaum den bereuenden Müttern zuordnen. Sie schrieben, dass sie ihre Entscheidung für Kinder zwar bereuen würden, diese aber über alles liebten und deshalb nicht von dem Thema betroffen seien. Das Thema Regretting Motherhood wird also schnell in Verbindung gebracht mit Frauen, die ihre Kinder nicht lieben.

Viele Mütter kommentierten meine Aufrufe oder schrieben mich sogar mit privaten Nachrichten an und behaupteten, dass in der Müttergruppe, in der ich nach bereuenden Müttern suchte, keine einzige dabei wäre und ich dort sicher nicht fündig werden würde. Die Gruppen bei Facebook, in denen ich Aufrufe gestartet hatte, hatten jedoch Hunderte, einige auch Tausende Mitglieder. Diese Reaktion wirkte deshalb sehr skurril. Diese Frauen konnten kaum alle Mütter der Gruppe kennen, zumal das Thema derart tabuisiert ist, dass meist nicht einmal engste Freunde darüber informiert sind. Es schien fast so, als dürfe nicht sein, was diese Menschen nicht ertragen konnten. Möglicherweise sahen sie sich selbst und ihren Lebensentwurf durch die Thematik fundamental infrage gestellt (vielleicht fürchtete so manche Frau auch, bei sich selbst auf Reuegefühle zu stoßen). Die Tabuisierung geht so weit, dass das Phänomen ganz bewusst ignoriert wird. Mit viel Aufwand werden die Augen davor verschlossen, und manche versuchen sogar, anderen die Augen davor zu verschließen.

Durch diese enorme Tabuisierung entsteht natürlich ein Druck auf Mütter, der nicht nur diejenigen trifft, die ihre Mutterschaft bereuen. Wer seine Mutterschaft bereut und mitbekommt, dass die Gesellschaft sehr allergisch auf dieses Thema reagiert, dass sie die Augen davor verschließt und sich nicht damit befassen will, der fühlt sich allein und nicht ernst genommen. Doch die Reaktionen gehen ja noch viel weiter. Noch bevor sich überhaupt Mütter trauen, sich zu »outen«, wird von der Gruppe deutlich gemacht, dass solche »Outings« nicht erwünscht sind. Es wird ganz demonstrativ aufgezeigt, dass bereuende Mütter verachtet werden und etwas Unmenschliches an sich haben. Bisweilen kann man aus den Kommentaren sogar Ekel und Hass heraushören. In einem solchen Klima werden sich Mütter natürlich hüten, offen über ihre Empfindungen zu sprechen. Keine bereuende Mutter möchte sich freiwillig zur Zielscheibe von intoleranten und aggressiven Menschen machen.

Doch auch Mütter, die ihre Mutterschaft gar nicht bereuen, werden durch die offene Kritik an bereuenden Müttern beeinflusst. Es gibt viele Frauen, die phasenweise unzufrieden sind, die manchmal alles hinschmeißen und die an manchen Tagen ihre Kinder am liebsten nicht sehen oder betreuen wollen. Diese Mütter spüren sehr genau, dass auch sie schnell Verachtung und Mobbingattacken auf sich ziehen würden, wenn sie über diese negativen Gefühle sprechen.

Die mediale Debatte im Frühjahr 2015 wurde daher letztlich auch tatsächlich nicht direkt durch die Studie von Orna Donath ausgelöst. Vielmehr waren es die extremen Reaktionen der Menschen in den sozialen Netzwerken auf diese Studie. Das Faszinierende an dem Phänomen Regretting Motherhood scheint zu sein, dass nicht nur die bereuenden Mütter eine Ambivalenz in sich tragen, sondern dass auch die Gesellschaft höchst ambivalent auf diese Mütter reagiert.

Der Weg zur bereuenden Mutter

Wenn die Hintergründe des Regretting Motherhood verstanden werden wollen, muss man zunächst konstatieren, dass es sich um ein äußerst vielschichtiges Phänomen handelt. Damit es dazu kommt, dass eine Frau bereut, Mutter geworden zu sein, müssen verschiedene Zahnräder ineinandergreifen.

Zunächst gibt es eine noch kinderlose Frau, die in einer Gesellschaft aufgewachsen und sozialisiert ist, die Weiblichkeit und Mutterschaft gleichsetzt. Sie ist mit einem Geschlechterbild erzogen worden, das den weiblichen Geschlechtscharakter als von Natur aus als kinderlieb beschreibt. Eine heterosexuelle Partnerschaft einzugehen und ein Kind zu bekommen stellt in ihrer Wahrnehmung den Standard dar, der nicht hinterfragt wird, der vom Großteil aller Menschen gelebt wird und der wie ein naturgegebener Ablauf erscheint. Sie unterliegt so (häufig noch nicht einmal bewusst) dem Irrtum, dass Kinder grundsätzlich glücklich machen und dass Kinderlosigkeit in jedem Fall ein großes Unglück und ein schwerer Schicksalsschlag sein muss.

Diese Frau spürt zudem, dass viele Menschen in ihrem Umfeld sehnsüchtig darauf warten, dass sie ein Kind bekommt. Es herrscht ein gewisser Erwartungsdruck. Oft ist es der Partner oder Ehemann, vielleicht auch ihre eigene Mutter, der Schwiegervater, ihre ältere Schwester, ihre Freundinnen, die Nachbarn, die ihr immer wieder durch direkte und indirekte Bemerkungen deutlich machen, dass sie wünschten, sie würde Mutter.

Das alles geschieht in einem gesellschaftlichen Umfeld, in welchem ihr weisgemacht wird, dass das Zusammenleben mit Kindern herrlich einfach und unbeschwert wäre. Die Medien präsentieren ihr nur strahlende Kindergesichter neben fröhlichen Müttern. Liebe, Glück, Freude, nie enden wollender Spaß und tiefe Zuneigung und Verbindung sind es, welche uns in der Werbung und im Fernsehen immer wieder im Zusammenhang mit Kindern und Familien(gründung) gezeigt wird. Der Sinn des Lebens, das sind Kinder, so ist die Botschaft, die uns eingehämmert wird. So spricht auch Louisa Lang in ihrer Arbeit *Mutterliebe. Nur ein Mythos?* von einem enormen sozialen Druck, »der Frauen glauben machen will, dass der Wunsch, Kinder zu bekommen, natürlich gegeben sei«[6].

Dieses überhöhte und unrealistische Bild der Mutter, das in den Medien dargestellt wird, schadet den Müttern und Kindern immens. Es führt zu unglücklichen Müttern, die diesem Idealbild nicht standhalten können, und es führt zu einer Gesellschaft und Familien, die von ihren Frauen und Müttern frustriert sind, weil sie nicht einmal annähernd dem perfekten Bild der medialen Mutter entsprechen.

Die Mütter sind enttäuscht von sich selbst. Ihre Partner und die Kinder sind mitunter auch enttäuscht von der Mutter. Und zu allem Überfluss muss sie ihre negativen Gefühle verdrängen, unterdrücken und darf diese weder vor sich selbst noch vor anderen zugeben. Dadurch wird die Unzufriedenheit zusätzlich geschürt. Mütter haben ein schlechtes Gewissen, weil sie keine stete Glückseligkeit durch ihre Kinder empfinden. Und ihre Schuldgefühle steigen noch, wenn sie es gewagt haben sollten, ihre Unzufriedenheit zu zeigen oder zu artikulieren. »Der Verleugnungsdruck ist so groß, dass sich Mütter nicht trauen, zu sagen, wenn sie Mutterschaft nicht als Glückseligkeit erleben. Sie haben schon ein schlechtes Gewissen, wenn sie erzählen, wie viel Arbeit ein kleines Kind macht.«[7]

Doch wer Unzufriedenheit, Wut und Enttäuschung verspürt und diese Empfindungen unterdrücken muss, kann dadurch auch psychisch krank werden. Es ist absolut ungesund, sich dauerhaft hinter einer fröhlichen Maske zu verstecken, wenn man innerlich traurig, genervt oder sauer ist. Verleugnung ist eine kurzfristige Krücke, aber kein dauerhaftes Heilmittel. Ganz im Gegenteil: Durch die Verdrängung und Tabuisierung der negativen Gefühle von Müttern wird deren Unglück noch größer und andere kinderlose Frauen neigen verstärkt dazu, dem Muttermythos Glauben zu schenken.

Aus der Psychologie wissen wir, dass unterdrückte Gefühle und Einstellungen, die nicht ins Bewusstsein vordringen oder erkannt und ausgesprochen werden dürfen, für gewöhnlich dennoch einen Effekt haben: Sie zeigen sich unkontrolliert und unbewusst. Diese Empfindungen werden in andere Bahnen kanalisiert und können beispielsweise als Lieblosigkeit oder familiäre Gewalt zum Ausdruck kommen.[8] »So gesehen sind Lieblosigkeit und familiäre Gewalt eine direkte Folge und die verborgene Seite der Normen des Muttermythos.«[9]

Da diese explosiven Empfindungen und Aggressionen von Müttern im Untergrund seit Längerem schwelen, hat die Studie von Orna Donath auch so hohe Wellen geschlagen. Die Thematisierung von Frauen, die unter ihrer Mutterschaft leiden und diese rückgängig machen würden, wenn dies nur irgendwie möglich wäre, hat vielen Müttern gezeigt, dass sie nicht allein sind mit ihrer Situation. Die Frauen fühlten sich ermutigt, ihren bislang unterdrückten Gefühlen Ausdruck zu verleihen und der medialen und gesellschaftlichen Inszenierung der perfekten Mutter etwas entgegenzuhalten.

Bei all den plakativ dargestellten berauschenden Glücksgefühlen, die Kinder in Frauen angeblich auslösen, gerät leider auch das Bild, das sich junge Frauen vom Leben als Mutter machen, in eine gefährliche Schieflage. Die Vorstellungen, die die kinderlose Frau vom Muttersein hat, sind völlig unrealistisch und viel zu positiv besetzt. Von den negativen Seiten hat sie vielleicht am Rande mal etwas gehört – denn natürlich werden die Anstrengungen der Mutterschaft auch immer wieder einmal thematisiert. Aber diese scheinen nicht alle zu betreffen, und in einer Gesellschaft, die aktuell die Machbarkeit von allem und jedem propagiert, redet sich die junge Frau ein, dass auch Mutterglück machbar ist – natürlich in Kombination mit einer liebevollen und bereichernden Beziehung sowie beruflicher Betätigung, ja sogar Karriere. Schließlich leben wir in Zeiten der Gleichberechtigung, Frauen können und dürfen doch alles heutzutage, die Schwierigkeiten müssen also mit der richtigen Einstellung und den richtigen Methoden in den Griff zu kriegen sein. Immer wieder wird Frauen suggeriert: »Ihr könnt alles, ihr dürft alles – wenn ihr es nicht schafft, seid ihr wirklich selber schuld!«

Populärstes Beispiel dieser »Alles ist machbar«-Attitüde ist das 2012 erschienene Buch *Danke, emanzipiert sind wir selber* der ehemaligen Bundesfamilienministerin Dr. Kristina Schröder.[10] Schröder stellt sich in ihrem Buch irrwitzigerweise gegen politische Rahmenbedingungen, die die Vereinbarkeit von Familie und Beruf erleichtern und die Gleichberechtigung der Geschlechter unterstützen könnten. Zudem verbreitet sie ein völlig falsches Bild von Frauenrechtlerinnen, die ihrer Ansicht nach Familien, Männern und heterosexuellen Partnerschaften gegenüber feindlich gesonnen wären.[11] Laut Schröder und ihrer Co-Autorin Caroline Waldeck ist die Gleichberechtigung der Geschlechter längst Realität. Dass Feministinnen auf Missstände und Ungerechtigkeiten hinweisen, ist den Autorinnen ein Dorn im Auge. Sie befürchten, Frauen könnten dadurch schwach wirken.[12] Das Credo: Die emanzipierte Frau von heute kann so leben, wie sie möchte. Denn laut Schröder sind Frauen längst nicht mehr benachteiligt.[13] Damit hat sie kurzerhand sämtlichen Forderungen nach einer besseren Familien- und Geschlechterpolitik eine Absage erteilt. Laut Schröder sind politische Interventionen oder Förderung von Familien absolut unnötig.

Doch die politischen Rahmenbedingungen beeinflussen die möglichen Lebensentwürfe von Müttern und Vätern immens.[14] Schröder leugnet dies, wenn sie behauptet, der »Wille«, sich »auf eigene Faust durch[zu]schlagen«[15], wäre bei der Lebensplanung von Müttern entscheidend – und lädt damit die gesamte Verantwortung und Belastung auf das Individuum ab. Sie gibt daher Eltern auch den simplen Tipp, einfach nur »unter den grundsätzlich möglichen Optionen die beste zu wählen.«[16] Offenbar ist ihr völlig unbekannt, dass es für viele Mütter und Väter gar keine Optionen gibt, beispielsweise, wenn sie keinen Krippenplatz finden oder sich die 500 Euro monatlich für diesen Platz nicht leisten können oder der Arbeitgeber für die Elternzeit eines Vaters oder für den Wunsch einer Mutter nach Teilzeitbeschäftigung in einer Führungsposition keinerlei Verständnis hat.

Während Schröder einerseits gegen politische Rahmenbedingungen war, hielt sie andererseits am Ehegattensplitting fest und führte das Betreuungsgeld ein. Doch damit setzte sie eben gezielt Anreize für Mütter, länger zu Hause zu bleiben. Ihr Buch strotzt vor Widersprüchlichkeiten und verschärft die

Lage der Mütter noch – insbesondere weil sie als Politikerin, als Bundesfamilienministerin, jegliche politische Verantwortung von sich wies und für Mütter die »Wer will, der kann auch«-Ideologie propagierte – in völliger Verkennung der Realität. Ironischerweise gab sie selbst ihr Ministeramt auf, da es sich nicht mit ihrer Familie vereinbaren ließ.

»In all ihren offenkundigen Widersprüchen ist Schröder geradezu eine Karikatur ihrer selbst. Sie ist die Eva Herman der Herzen, eine unpolitische Politikerin, eine, die Frauen von ihrem Arbeitsplatz wegkauft, um diesen Coup nach außen als ›Wahlfreiheit‹ zu verkaufen, eine, die sich kurz nach der Geburt ihres ersten Kindes zur Rednerin aller Mütter aufschwingt, eine, die sich emanzipiert nennt – und dies nicht obwohl, sondern weil sie die Emanzipation der Frauen von ganz oben mit Füßen tritt –, eine, die dank Feministinnen Karriere machen konnte und anderen Frauen nun die Chance auf eine Karriere nehmen will.«[17]

Schröder ist damit nur die Spitze des Eisbergs, wenn es um die Propagierung von der Machbarkeit des Mutterglücks geht, die manchen Frauen, die auf diese Vorstellung des mütterlichen Alltags vertrauen, zum Verhängnis wird.

Noch bevor die junge Frau also schwanger wird, sind vier Bedingungen für eine bereuende Mutter erfüllt:

1. Sie wächst in einer Gesellschaft auf, in der Kinder zu bekommen ein Standard ist, eine Norm, die nicht hinterfragt wird.

2. Sie wird von Menschen aus ihrem Umfeld mit deren Wünschen und Erwartungen konfrontiert: Sie soll doch nun endlich auch ein Kind bekommen.

3. Familie, Kinder, Mutterschaft werden ihr von der Gesellschaft – insbesondere von den Medien – als größter Hort von Glückseligkeit verkauft. Ihr Bild vom Alltag als Mutter ist völlig unrealistisch positiv.

4. Ihr wird suggeriert, dass eine Vereinbarung von Familie und Beruf mehr oder minder problemlos möglich ist.

Als Nächstes bekommt die junge Frau dann mit ihrem Partner tatsächlich ein Kind. Nun greifen die nächsten Zahnräder ineinander, die letztlich zu dem Gefühl der Reue führen können.

In Orna Donaths Studie äußerte eine Mutter, sie hätte bereits während der Schwangerschaft gemerkt, dass das Konzept Mutterschaft nichts für sie sei, weil ihr die ganzen Einschränkungen ihrer Freiheit bewusst wurden. In den meisten Fällen beginnt das Gefühl der Reue jedoch erst, wenn die Belastungen, die durch das Leben mit Kind erzeugt werden, auch tatsächlich zutage treten. Auch bei einer schwierig verlaufenden Schwangerschaft wissen die Frauen ja, dass diese in wenigen Monaten beendet ist.

Viele Frauen beschreiben, dass sie in den ersten Monaten bemerkten, dass sie den Belastungen nicht gewachsen sind bzw. die negativen Aspekte die positiven für sie persönlich bei Weitem überwiegen. Auch fast alle bereuenden Mütter empfinden unbändige Liebe für ihre Kinder, finden es schön, wenn sie etwas Lustiges machen, sie in den Arm nehmen, lachen oder etwas Witziges und Unschuldiges sagen. Doch das macht für sie all die Beeinträchtigungen nicht besser ertragbar. Die Mütter beschreiben, dass sie ihre eigenen Bedürfnisse vollständig unterdrücken müssen, dass sie ihre Freiheit vermissen und ihre eigene Identität verloren haben.

Wenn ein Mensch permanent seine eigenen Bedürfnisse, Wünsche und Vorstellungen ignorieren, mühsam unterdrücken und aufgeben muss, dann ist es nur natürlich, dass er das Gefühl bekommt, seine Identität zu verlieren. In den ersten ein bis zwei Lebensjahren ihrer Kinder können Mütter sehr häufig nicht schlafen, wenn sie müde sind, nicht trinken, wenn sie durstig sind, nicht essen, wenn sie hungrig sind, nicht duschen, wenn sie sich duschen möchten, oder auf die Toilette gehen, wenn sie Harndrang verspüren. Es sind die existenziellen Grundbedürfnisse eines jeden Menschen, die sehr oft nicht gelebt werden können. Von den weitergehenden Wünschen und Bedürfnissen nach Erholung, Berufstätigkeit, Urlaub, Freizeitaktivitäten, sozialen Kontakten etc. ist dabei noch nicht einmal die Rede. Diese sind ohnehin extrem eingeschränkt oder für lange Zeit überhaupt nicht mehr erfüllbar.

In den sozialen Netzwerken und auch in den Medien tauchte immer wieder die Frage auf, ob die bereuenden Mütter nicht einfach nur sehr egoistisch wären und altruistischer sein müssten. Schnell wurde der Vorwurf laut, es würde sich um karrierebesessene, ichbezogene, kaltherzige Frauen handeln.

Allein dieser Gedanke zeigt, wie eng das Korsett Mutterschaft ist, das wir in unserer Gesellschaft schnüren. Eine »gute«, »normale« Mutter würde laut dieser Ansicht anstandslos und ohne mit der Wimper zu zucken auf Essen, Trinken, Schlafen etc. verzichten, ganz zu schweigen von irgendwelchen »Vergnügungen«, wie es abfällig genannt wird, um sich voll und ganz den Bedürfnissen ihres Kindes zu widmen (von den Vätern wird dergleichen interessanterweise dagegen nicht verlangt – ihnen werden Freiräume anstandslos zugestanden). Wenn wir uns eine gute Mutter jedoch so vorstellen, dann handelt es sich dabei um eine utopische Fantasiegestalt. Ein solcher Mensch kann nicht existieren. Und Menschen, die ihr Selbst derart aufgeben, sind psychisch sehr krank. Zumal sich darüber hinaus die Frage stellt, weshalb ausgerechnet eine Person, die ihre eigenen Bedürfnisse komplett ignoriert, ihre Grenzen nicht kennt und sich bis zur Selbstzerstörung für andere aufopfert, eine gute Mutter sein soll. Ist es wirklich das, was wir Kindern vorleben und beibringen wollen?

Die Mütter erfahren nach der Geburt (und zum Teil schon in der Schwangerschaft), dass ihre eigenen Bedürfnisse und Wünsche nun nicht mehr zählen. Sie müssen sich völlig mit den Bedürfnissen des Kindes identifizieren und erleben die enormen körperlichen und psychischen Belastungen, die die Elternschaft mit sich bringt.

Eine Mutter, die nun ihre Mutterschaft bereut, unterscheidet sich von anderen Müttern, die Ähnliches erleben, nur noch in einem Punkt: **Ihre persönliche Bewertung der Vor- und Nachteile der Mutterschaft ist eine andere.** Für sie überwiegen nicht die Vorzüge. Vor- und Nachteile halten sich auch nicht die Waage. Die Beeinträchtigungen dieses Lebensstils sind derart unvereinbar mit ihren eigenen Lebensvorstellungen und ihrem Charakter, dass sie wünschten, sich für einen anderen Lebensweg – ohne Kinder – entschieden zu haben. Dies ist ein individuelles Empfinden, das niemandem zum Vorwurf gemacht werden darf. Es handelt sich um Frauen, die ihre Unabhängigkeit lieben und brauchen, die freiheitsliebend sind und deren Wunsch, anderen zu gefallen, nicht stärker ist als der Wunsch, ein selbstbestimmtes Leben zu leben.

Mutterschaft versus Berufstätigkeit

Wir müssen davon ausgehen, dass die Zahl der Frauen, die ihre Mutterschaft bereuen, gestiegen ist und noch weiter steigen wird. Dies liegt nicht nur daran, dass die Mutterrolle in den letzten 20 bis 30 Jahren immer schwieriger zu erfüllen geworden ist. Es liegt auch an der Diskrepanz zwischen Trugbild und Realität. Und vor allem verstärkt sich der Reueeffekt durch die Diskrepanz zwischen der Erziehung der jungen Mädchen und den Erfordernissen der aktuellen Mutterrolle.

Die Aspekte Selbstlosigkeit, Aufopferungsbereitschaft und Unterordnung unter die Interessen anderer verlieren zunehmend an Bedeutung in der Erziehung der Mädchen. Stattdessen wird es immer wichtiger, sie zu starken, selbstbewussten und eigenständigen Personen heranwachsen zu lassen. Werden sie jedoch später Mutter, so wird nach wie vor von ihnen jene Aufopferung und Selbstlosigkeit erwartet, die in früheren Generationen Hauptmerkmal der Erziehung weiblicher Kinder war. Moderne, emanzipierte Frauen treffen in dem Moment, in dem sie Kinder bekommen, auf veraltete, traditionelle Rollenvorstellungen. Es wundert nicht, dass die Enttäuschung dann groß ist und dass die Frauen, die ihre Mutterschaft bereuen, sich wie in einem Käfig fühlen. Ganz nach dem Motto: »Erst bringt man ihnen das Fliegen bei, und dann stutzt man ihnen die Flügel.«

Ein nicht zu unterschätzender Faktor, der Einfluss auf das Reueempfinden bei Müttern hat, ist die Schwierigkeit, Beruf und Familie zu vereinbaren. Fast alle bereuenden Mütter geben an, einer der Gründe dafür, dass sie die Zeit gern zurückdrehen und keine Kinder bekommen würden, seien die Auswirkungen auf ihre Berufstätigkeit. Es gibt mehrere Aspekte, die die Vereinbarkeit von Job und Familienleben erschweren.

Das erste Problem, vor das sich Schwangere und Mütter gestellt sehen, ist zunächst der berufliche Ausstieg. Viele Arbeitgeber reagieren nicht freundlich und wohlwollend, wenn eine Arbeitnehmerin verkündet, schwanger zu sein.

Als Nächstes stellen Mütter in den meisten Regionen fest, dass es nach wie vor nicht einfach ist, einen Betreuungsplatz zu bekommen. Es ist sehr schwer, für Kinder unter einem Jahr eine geeignete Betreuung zu finden. Auch sind die Betreuungszeiten vielerorts absolut arbeitnehmerunfreundlich. Auf Kindergartenfeiern ist es unter Eltern daher ein Running Gag: Ein Vollzeit-Kitaplatz reicht nicht, um ganztags arbeiten zu gehen, und ein Halbtags-Kitaplatz reicht nicht, um halbtags arbeiten zu gehen.

Doch selbst wenn der gewünschte Betreuungsplatz ergattert wurde, bleibt der berufliche Wiedereinstieg vermintes Terrain. Die Arbeitszeitmodelle sind längst nicht überall flexibel. Immer wieder ziehen Arbeitgeber Zusagen zu Beförderungen oder zu einem bestimmten Teilzeitmodell zurück, die sie zuvor gemacht hatten.

Hat der Wiedereinstieg begonnen, stellt sich schnell das nächste Problem ein: Was tun, wenn die Kinder krank sind? Viele Arbeitnehmer haben die Möglichkeit, zehn Arbeitstage pro Jahr und pro Kind zu Hause zu bleiben, wenn das Kind krank ist. Diese Regelung scheint absurd. Weshalb sollten Kinder nur unter einer bestimmten Anzahl von Tagen krank sein dürfen, wenn dies für Erwachsene nicht gilt? Gerade in den ersten Jahren, wenn die Kinder frisch bei der Tagesmutter oder in der Krippe sind und von dort auch gerne Krankheiten mit nach Hause bringen, stellen viele Eltern fest, dass zehn Tage (oder 20 von beiden Elternteilen) lächerlich wenig sind. Und die Anzahl der Großmütter, die selber nicht berufstätig sind und in der Nähe des Enkelkindes wohnen, sinkt aufgrund der wachsenden Mobilität der jungen Menschen und der zunehmenden Frauenerwerbstätigkeit in Deutschland von Jahr zu Jahr.

Genügend Beschäftigte haben jedoch nicht mal diese zehn Tage. Viele haben auch Verträge und Regelungen, wonach sie lediglich vier (!) Tage im Jahr bei einem kranken Kind zu Hause bleiben können. Das ist nicht mal eine Woche! Eltern müssen also permanent improvisieren und jonglieren. Arbeitgeber und Kollegen sind dann auch noch mürrisch und unzufrieden, wenn die Kollegin mal wieder wegen eines kranken Kindes nicht am Arbeitsplatz erscheinen konnte. Mütter strampeln sich hier häufig ab, reiben sich auf und haben es am Ende scheinbar niemandem recht gemacht.

Des Weiteren spüren Mütter schnell, dass sie sich von dem Wunsch nach einer Beförderung, einer beruflichen Weiterentwicklung oder einer Zusatzqualifikation verabschieden müssen. Schon vor der Mutterschaft werden Frauen im Beruf aufgrund ihrer Gebärfähigkeit häufig diskriminiert, müssen sich bei Bewerbungsgesprächen trotz gesetzlichen Verbots oft genug indiskrete Fragen nach ihrer Familienplanung gefallen lassen, werden nicht befördert, »weil die ja jetzt eh irgendwann Kinder kriegt«. Nach der Geburt wird es allerdings erst richtig schwierig, die Geschlechterungerechtigkeit trifft sie mit voller Wucht. Mütter werden oft auf dem »Abstellgleis« geparkt, mit unbefriedigenden Routineaufgaben beschäftigt, nicht mehr in interessante Projekte eingebunden (»Das ist in Teilzeit ja doch nicht zu schaffen« – »Die fehlt doch eh andauernd wegen des Kindes« – »Die ist nicht mehr mit ganzem Herzen dabei«), nicht mehr gefordert und gefördert, geschweige denn **befördert**. Einen guten neuen Job finden? So gut wie unmöglich. Beispiel gefällig? Eine hoch qualifizierte Mutter bewarb sich bei einer deutschen Hochschule als Gleichstellungsbeauftragte. Aus ihrer Bewerbung ging nicht hervor, dass sie Mutter war, und tatsächlich lud man sie zum Gespräch ein. Das Vorstellungsgespräch wurde von der Gleichstellungskommission geleitet, die an der Hochschule eben gerade dafür zuständig ist, sich für die Gleichberechtigung der Geschlechter und die Familienfreundlichkeit einzusetzen. Das Gespräch lief zunächst sehr gut, die Bewerberin erhielt viel Anerkennung für ihre Qualifikationen, Leistungen und ihre sicheren und kompetenten Antworten. Dann jedoch kam die familiäre Situation zur Sprache und sie gab an, dass sie zweifache Mutter sei. Ab diesem Moment drehte sich das Gespräch nur noch um das Muttersein der Bewerberin. Es wurde gefragt: »Wie wollen Sie diese Stelle denn schaffen mit zwei Kindern?« Die Bewerberin verwies auf all das, was sie die letzten Jahre ja bereits sehr erfolgreich mit Kindern geleistet hatte, und betonte, dass die Kinder ganztags in der Kita und Schule seien, der Vater überaus engagiert die Kinder betreue und auch darüber hinaus ein großes Netzwerk von Großeltern und Babysittern bestünde, sodass man sich deswegen wirklich keine Sorgen machen müsse. Daraufhin kam nochmals von der Vorsitzenden der Kommission der Einwand: »Das überzeugt mich nicht. Ich habe immer noch große Zweifel daran, dass Sie dieser Stelle mit Ihren Kindern gerecht werden können.« Die Mutter wurde abgelehnt, aber dazu aufgefordert, sich doch das nächste Mal auf eine einfache Teilzeit-Hilfsstelle zu bewerben.

Diese Diskriminierung einer Mutter durch eine Gleichstellungskommission, die sich nun gerade gegen derartige Diskriminierungen einsetzen soll, ist nur die Spitze des Eisbergs. Die berufliche Entwicklung von Müttern erhält nicht nur einen Knick, sie nimmt einen völlig anderen Verlauf als bei Kinderlosen und wird oft nicht im Mindesten als zufriedenstellend angesehen. Daran, dass dies auch ihre Rente sehr negativ beeinflussen wird, mögen viele zu dem Zeitpunkt erst gar nicht denken.

Mütter sollten eben nicht berufstätig sein, sie sind schließlich Mütter, argumentiert so mancher angesichts all dieser Probleme nach wie vor. Diese Ansicht ist im 21. Jahrhundert wenig zeitgemäß und verkennt alle emanzipatorischen Entwicklungen der letzten 150 Jahre. Frauen haben Zugang zu allen Bildungsmöglichkeiten, die junge Frauengeneration ist gut ausgebildet und beruflich ehrgeizig. Es gibt keinen objektiven Grund, warum sie nicht dasselbe Recht haben sollten wie Männer, sich beruflich zu verwirklichen. Rein formal wird ihnen dieses Recht auch zugestanden – aber eben nur, bis sie Mütter sind und damit ihre »eigentliche Aufgabe« wahrnehmen. Und das sollen sie gefälligst gerne tun, denn es ist eben viel wichtiger und befriedigender als eine »egoistische« berufliche Selbstverwirklichung, so wird immer wieder suggeriert. Oder eben auch durch politische Entscheidungen ganz konkret befördert. Die Wünsche der Frauen werden hierbei ignoriert – und auch so manche wirtschaftliche Realität, denn für viele junge Familien ist es rein finanziell völlig unmöglich, dass die Frau über einen längeren Zeitraum nicht erwerbstätig ist, selbst wenn sie es so wollte.

Viele der bereuenden Mütter beschreiben ihre Enttäuschung über die Schwierigkeiten bei der Vereinbarung von Beruf und Familie. Zudem sind sie erschöpft und ausgelaugt durch das permanente Jonglieren und das stetige Zusammenführen so vieler verschiedener Fäden, die dann auch noch ständig reißen.

Die Soziologie nennt dies Vereinbarkeitsmanagement.[18] Es handelt sich dabei um das tägliche Zusammenführen aller Aufgaben und Termine der Familienmitglieder. In einer vierköpfigen Familie mit zwei berufstätigen Eltern, die unterschiedliche Arbeitszeiten haben, und zwei Kindern, die unterschiedliche Kindergarten- und Schulzeiten haben, entsteht ein großer Organisationsbedarf. Die Zeiten ändern sich oft von Tag zu Tag. Freizeitaktivitäten wie Handballtrainingszeiten oder Yogakurse müssen berücksichtigt werden, aber auch besondere unregelmäßige Termine wie Arzttermine, Konferenzen, Elternabende, Schulfreizeiten, Kindergartenfeste, Geburtstage etc. müssen ebenfalls eingeplant werden. Meistens bleiben diese Management-Aufgaben an den Frauen hängen – für eine berufstätige junge Mutter wird so oft jeder einzelne Tag zum logistischen Kraftakt.

Diese Sisyphos-Aufgaben, die nie enden und die oft noch mehrfach umorganisiert werden müssen, bringen manche Mutter bis kurz vor den Burn-out. Die Zahl der Mütter, die in den letzten Jahren eine Mutter-Kind-Kur beantragt haben, ist deutlich gestiegen.[19] Und auch das Müttergenesungswerk stellte auf seiner Jahrespressekonferenz im Juni 2015 fest: Ursache für die gesundheitlichen Probleme von Müttern sind unter anderem die Diskrepanz zwischen den Erwartungen, die emanzipierte Frauen heutzutage an die Gesellschaft und ihre Partner haben, und den Erwartungen, die die Gesellschaft und Familie wiederum an die Frauen hat. Die heutige Frauengeneration wünscht sich Gleichberechtigung im Arbeitsleben und eine gerechte Arbeitsteilung mit dem Partner. Das alles scheint (mit einigen Abstrichen) inzwischen meist sogar möglich – für kinderlose Frauen. Sobald das erste Kind geboren wird, greifen die traditionellen Rollenmuster und Mütter müssen ihre eigenen Bedürfnisse zurückstellen.[20]

Reue bei Müttern im psychologischen Kontext

Es ist die Diskrepanz zwischen den Erwartungen und den realen Möglichkeiten, die Mütter letztlich dazu bringt, ihre Mutterschaft zu bereuen. Ironischerweise wird aber das Gefühl der Reue im Zusammenhang mit Kindern in unserer Gesellschaft vor allem derart thematisiert, dass Frauen es eines Tages bereuen könnten, wenn sie keine Kinder bekommen haben. Die Thematisierung von Reue wird also im Zusammenhang mit Elternschaft insbesondere dazu eingesetzt, den Muttermythos zu untermauern. Es wird davon ausgegangen, dass Frauen, die keine Kinder bekommen, diese Entscheidung ein Leben lang bereuen werden. Ebendieser Mythos, dass Frauen nur als Mutter ein glückliches Leben führen können, bewirkt aber letztendlich, dass Frauen Kinder mit falschen positiven Erwartungen bekommen. Frauen werden geängstigt mit der Drohkulisse des ewigen Bereuens, sodass sich dadurch auch eher Frauen für Kinder entscheiden, die dies ohne sozialen Druck vielleicht nicht getan hätten. Eben gerade hierdurch wird aber geradezu provoziert, dass es schlussendlich Mütter gibt, die es bereuen, Kinder bekommen zu haben.

So beschreiben auch einige Mütter, die Donath befragt hat, dass sie sich nicht einmal bewusst Gedanken darüber gemacht haben, ob sie Kinder bekommen sollten oder nicht, und auch mir begegnete bei meinen Recherchen dieses Phänomen. Diese Frage stand bei vielen gar nicht zur Debatte. Kinder zu bekommen schien eine Selbstverständlichkeit, die nicht weiter hinterfragt wurde. Damit wird Mutterschaft zur Norm, zum Standard, von dem nicht ohne große Not abgewichen wird. Diese Frauen hatten nicht das Gefühl, überhaupt völlig frei über zwei verschiedene Lebenskonzepte nachdenken und sich für eines entscheiden zu können. Kinderlosigkeit schien keine Option zu sein. Es gilt nach wie vor als eher »abnormal«, als Frau keine Kinder bekommen zu wollen.

Aus demselben Grund ist es auch ein Tabu, wenn Mütter bereuen, Kinder bekommen zu haben, und entsprechend ablehnend geht die Gesellschaft auch mit diesen Müttern um. Dass bereuende Mütter angefeindet werden und sehr starke Reaktionen und Emotionen bei anderen auslösen, erklärt

Donath mit der weiblichen Identität. In unserer heutigen Gesellschaft gehören weibliche Identität, Mutterschaft und Liebe eng zusammen. Einer Frau, die ihre Mutterschaft ablehnt oder bereut, wird automatisch unterstellt, sie würde ihr Kind/ihre Kinder nicht lieben. Dies liegt daran, dass Mutterliebe und Mutterglück zu ein und derselben kulturellen Vorstellung über Mutterschaft gehören. Wir können das eine nicht ohne das andere denken.

Gleichzeitig gehört die Mutterschaft zu unserer Vorstellung von einer normalen Frau. Und Liebe ist etwas, das wir als ein Gefühl verstehen, das eindeutig dem weiblichen »Geschlechtscharakter« zugeordnet wird – auch heute noch. Einer Frau, die ihre Mutterschaft bereut, wird daher schnell unterstellt, sie würde ihre Kinder nicht lieben und wäre keine gute Mutter, aber auch keine gute Frau. Letztlich werden sogar ihre Fähigkeit zu lieben und ihre Menschlichkeit in Abrede gestellt.[21]

Der italienische Psychologe Giuseppe Galli spekuliert, ob ein derart feindseliges Umfeld nicht gerade verhindert, dass Menschen eine Entscheidung oder Handlung wirklich bereuen können. Tatsächliche Reue bezieht sich nämlich nicht nur auf vergangene Handlungen, sondern beschäftigt sich auch mit den Motivationen für diese Handlungen.[22] Damit einher geht aber auch meist ein Schuldgefühl oder zumindest die Erörterung einer möglichen Schuld für eine aus heutiger Perspektive falsch getroffene Wahl. »Wenn wir uns vor Augen halten, daß das Eingeständnis einer Schuld eine schmerzliche Verringerung der eigenen Selbstachtung mit sich bringt, erhebt sich die Frage, ob es nicht eine wichtige Voraussetzung für aufrichtige Reue ist, sich in einer wohlwollenden zwischenmenschlichen Atmosphäre geborgen zu wissen, die einerseits von einer gerechten Einschätzung der gegebenen Situation, andererseits aber von Verständnis und Vergebung geprägt ist [...]«[23]

Da es eben nicht einfach ist, sein eigenes Handeln zu reflektieren und zu beurteilen und womöglich nicht damit zufrieden zu sein, beschreibt Giuseppe Galli die Reue auch als eine der mächtigsten Ausdrucksformen der Freiheit.[24] Viele Menschen können ihr eigenes Verhalten nicht kritisch bewerten und sich nicht von ihrer Lebenssituation distanzieren. Stattdessen sind sie unablässig damit beschäftigt, ihren Lebensstil zu verteidigen oder als positiv und erfüllend zu inszenieren – selbst wenn dies ihrem tatsächlichen Empfinden widerstrebt. Sie sind eben nicht frei von den gesellschaftlichen Normen und dem sozialen Erwartungsdruck. Insofern kann man sogar schließen, dass es sich bei bereuenden Müttern um besonders starke Persönlichkeiten handelt, die trotz des gesellschaftlichen Klimas in der Lage sind, sich Reue und Bedauern einzugestehen und sich den damit verbundenen Schuldgefühlen und der Scham zu stellen.

Schwierig für die menschliche Psyche ist auch der Umgang mit Ambivalenzen. Dass Mutterschaft höchst ambivalente Gefühle hervorruft, beschrieb bereits Adrienne Rich in den 1970er-Jahren. Das macht die mütterliche Reue psychologisch gesehen zu einer besonderen Form der Reue; sie ist nicht eindeutig, es gibt keine Klarheit, keine zweifelsfreie Einstellung zu der Entscheidung, Kinder bekommen zu haben – die Mutterliebe, die gleichzeitig verspürt wird, funkt dazwischen. Rich nennt es das »Leiden an der Ambivalenz«[25], wenn Mütter immer wieder das gleichzeitige Erleben von größter Zuneigung und schwerster Frustration ertragen müssen. Donath vermutet, dass ebendieses Leiden und das Unerträgliche an der Ambivalenz bewirken kann, dass Frauen schließlich bereuen, Kinder bekommen zu haben. Denn wer stets zwischen zwei extremen Emotionen, die unvereinbar scheinen, aufgerieben wird, steht unter einer starken Anspannung. »Die Mutter fühlt, dass es neben Liebe und Zuneigung auch Ablehnung und Zorn ihrem Kind gegenüber gibt, kann es sich aber nicht leisten, dies zu wissen.«[26]

Die meisten Mütter verdrängen diese ambivalenten Gefühle. Nicht so die bereuenden Mütter. Donath fiel bei ihren Interviews auf, dass die Mütter immer wieder deutlich auf diese Ambivalenz verwiesen. Die befragten Frauen unterschieden ganz bewusst zwischen ihren Gefühlen den Kindern gegenüber und den Gefühlen ihren alltäglichen Erfahrungen und ihrer Lebenssituation gegenüber.

Doch Regretting Motherhood stellt auch aus anderen Gründen eine Sonderform der Reue dar. Zum einen gehört zu einem tatsächlichen Reuegefühl dazu, dass man der Ansicht ist, man hätte einen Fehler begangen und man hätte sich rückblickend anders verhalten können und sollen.[27] Viele der bereuenden Mütter vermitteln jedoch überhaupt nicht den Eindruck, dass sie in der Lage gewesen wären, sich auch gegen Kinder zu entscheiden, weil ihnen schlicht die Erkenntnisse, die sie jetzt erst aus der Mutterschaft heraus gewinnen konnten, gefehlt haben bzw. ihr Welt- und Frauenbild eine andere Entscheidung kaum zuließ. Zum Zweiten zieht das Empfinden von Reue fast immer auch den Wunsch nach sich, etwas ungeschehen zu machen oder immerhin wiedergutzumachen.[28]

Aber bereuende Mütter können die Zeit nicht zurückdrehen. Es gibt keine kinderlose Zukunft mehr für sie. Dieser Umstand ist unbedingt zu berücksichtigen, wenn man das Phänomen Regretting Motherhood mit anderen Situationen, in denen Menschen etwas bereuen, vergleicht – die meisten Entscheidungen können rückgängig gemacht werden, wenn auch nicht immer, ohne dass dabei kräftig Lehrgeld gezahlt wird. Die Unmöglichkeit des »Ungeschehen machens« ist auch einer der Aspekte, die uns das Regretting Motherhood als so besonders dramatisch und tragisch wahrnehmen lassen.

Neben der quälenden Ambivalenz fand Donath noch weitere Gemeinsamkeiten zwischen den bereuenden Müttern:

Beim Abwägen der Vor- und Nachteile von Mutterschaft kommen sehr viele Frauen auf eine nicht zu verachtende Menge an Nachteilen. Bei den bereuenden Müttern überwiegen jedoch aus deren individueller Sicht und unter deren persönlicher Bewertung die Nachteile die Vorteile bei Weitem. Zudem sind die bereuenden Mütter allesamt in ihrer Berufstätigkeit aufgegangen und bemängeln die schlechte Vereinbarkeit von Beruf und Familie. Die Mütter, die ihre Mutterschaft bereuen, zeichnen sich überdies aus durch ein gewisses Reflexionsvermögen und den Mut, die Vergangenheit und getroffene Entscheidungen neu zu bewerten sowie Lebenswege jenseits der Norm als erstrebenswert zu erachten.[29] Diese Frauen gehören nicht dem Mainstream an, ordnen sich nicht gerne in ein vorgegebenes Schema ein.

Bereuende Mütter werden ausgegrenzt, sie müssen sich verstecken und verstellen. Es ist ein großes Tabu, seine Mutterschaft zu bereuen, und so werden diese Frauen abgelehnt, an den Rand unserer Gesellschaft geschoben und ihre Gefühle und Beweggründe bleiben ungehört. Doch wir alle können viel von diesen Müttern lernen. Die bereuenden Mütter und die gesellschaftliche Diskussion über das Phänomen Regretting Motherhood können in Bezug auf den Muttermythos eine wichtige Funktion erfüllen: Sie räumen mit der Vorstellung eines natürlichen Mutterinstinktes auf. »[…] besonders die Tatsache, dass heute viele Frauen eine Mutterschaft ablehnen, kann als Indiz dafür genommen werden, dass es keinen natürlichen Mutterinstinkt gibt.«[30]

So konfrontieren uns Mütter, die ihre Mutterschaft bereuen, und Frauen, die keinen Kinderwunsch haben, mit der Tatsache, dass Kinder Frauen eben nicht glücklich machen (müssen). Kinder sind kein Must-have für den weiblichen Lebensentwurf. Und das Aufdecken der Existenz bereuender Mütter entlarvt den Mutterinstinkt als soziales Konstrukt.[31]

Wir können aus dieser Debatte lernen. Feministinnen und Frauenrechtlerinnen versuchen seit Langem, unsere Vorstellung von Mutterliebe zu dekonstruieren und damit ins öffentliche Bewusstsein vorzudringen: »Mutterliebe ist weder eine übergeschichtliche Konstante noch eine universelle Haltung von Müttern, die unabhängig von Zeit und Raum existiert.«[32]

III. Der Wandel der Mutterrolle in unserer Gesellschaft

Forderungen nach der Gleichberechtigung der Geschlechter und Diskussionen über die Emanzipation der Frau verstummen häufig abrupt, sowie es um das Thema Mutterschaft geht. Frauen können heute einen ganz individuellen Lebensweg einschlagen – bis hin zu der Frage, ob sie überhaupt Kinder bekommen wollen. Darüber hinaus können sie, anders als noch vor 40 oder 50 Jahren, entscheiden, welchen Beruf sie ergreifen wollen, ob sie allein oder mit einem Mann oder einer Frau zusammenleben wollen, ob sie heiraten oder sich scheiden lassen möchten und, wenn sie sich für Kinder entscheiden, wann und wie viele sie bekommen wollen. Insbesondere die rechtlichen Möglichkeiten von Frauen sind inzwischen völlig andere, als dies noch in den 1950er- und 1960er-Jahren der Fall war. Abtreibungen sind straffrei in einem gewissen Ausmaß möglich, Vergewaltigung in der Ehe erfüllt einen Straftatbestand und Frauen dürfen rechtskräftige Verträge wie Arbeitsverträge auch ohne Zustimmung ihres Ehemannes unterzeichnen.

Doch obwohl sich in den letzten Jahrzehnten viel verändert hat, hat sich am Muttermythos kaum etwas geändert, und dieser besagt: Jede Frau sehnt sich danach, Kinder zu bekommen. Die Mutterschaft macht Frauen per se glücklich. Frauen sind qua Geburt genetisch für das Babywiegen, Wickeln, Füttern bestimmt. Männer schieben zwar mittlerweile auch mal einen Kinderwagen oder bleiben zwei Monate zu Hause, aber sie bleiben meist Zaungast in Küche und Kinderzimmer. Die grundsätzlichen Zuständigkeiten werden nur von wenigen Müttern und Vätern konsequent infrage gestellt.

Die Männer führen meist finanzielle Gründe ins Feld: Wenn die Frau mit dem Kind zu Hause bleibt und er mit dem höheren Gehalt weiter arbeiten geht, dann ist die Familie finanziell bessergestellt. Die Argumentation hat leider eine gewisse Berechtigung, denn nach wie vor verdienen Frauen mehrheitlich weniger als ihre männlichen Partner. Die Frage, wer mit dem Kind in den ersten Jahren zu Hause bleibt, steht für viele Paare schon aus wirtschaftlichen Gründen einfach nicht zur Debatte, weil die Frau die Familie mit ihrem Gehalt nicht ernähren könnte. Doch selbst wenn das der Fall ist, entscheidet sich in den seltensten Fällen der Mann für eine längere Elternzeit. Neben den finanziellen Fragen wird häufig die bessere Eignung der Frau für die Kinderbetreuung sowie die Sorge um das Kind gepaart mit einem Misstrauen gegenüber Tagesmüttern und Krippen und deren angeblicher schädlicher Auswirkungen in die Waagschale geworfen – und schon ist man beim alten Rollenmodell: Der Mann arbeitet, die Frau betreut zu Hause den Nachwuchs.

Und die Mütter, die dann länger zu Hause bleiben, als sie eigentlich wollten? Die können so etwas wie indirekte Anerkennung daraus ziehen, dass ihr Partner (und die Gesellschaft) offenbar denkt, dass sie die gemeinsamen Kinder besser betreuen, versorgen oder erziehen könnten als irgendjemand sonst. Direkte Anerkennung ist allerdings eher Mangelware.

Argumente für die traditionelle Rollenverteilung

Eine ganze Reihe von Argumenten bekommt man immer wieder zu hören, wenn erklärt wird, Frauen seien schwerpunktmäßig für die Kindererziehung verantwortlich und sollten ihre berufliche Entwicklung und persönliche Ambitionen hintanstellen. Die bekannteste Fürsprecherin für die traditionelle Rollenverteilung war in den letzten Jahren vermutlich die (ehemalige) Fernsehmoderatorin und Autorin Eva Herman, die alle gängigen »Argumente« ins Feld geführt hat (ebenso wie dies die Psychologin Christa Meves 20 bis 30 Jahre zuvor schon getan hat), die im Zusammenhang mit dieser Thematik immer wieder auftauchen:[33]

1. Man beruft sich auf die Natur und behauptet, die biologische bzw. hormonelle Verschiedenheit von Frauen und Männern sei ausschlaggebend für die Eignung zur Kinderversorgung. Frauen seien aufgrund ihrer Biologie zur Kindererziehung, zum Wickeln, Füttern, Erziehen und zur Hausaufgabenunterstützung besser geeignet als Männer.[34] Ein wirklicher Beweis, dass Männer all diese Dinge nicht genauso gut können, wenn sie es denn wollen, steht selbstverständlich aus.

2. Krankheiten und Gefahren würden Kindern und der Gesellschaft als Ganzes drohen, wenn Väter einen größeren Beitrag zur Kindererziehung leisten.

3. Eine ebensolche Gefährdung für die Gesellschaft und die Gesundheit der Menschen würde die Berufstätigkeit von Müttern oder auch die Betreuung von Kindern durch andere Personen als die Mutter darstellen – z.B. Erzieherin-

nen und Erzieher oder Tagespflegepersonen. Die angeblich drohenden Gefahren werden nicht näher beschrieben. Herman und Meves sprechen lediglich sehr vage davon, dass der Menschheit Krieg, Untergang und Verderben bevorstehen, wenn Mütter berufstätig sind und Väter und Kitas die Kinder miterziehen.[35] Aber natürlich wissen wir längst, dass in anderen Ländern (beispielsweise Frankreich und den skandinavischen Ländern) oder auch zu anderen Zeiten die Berufstätigkeit von Müttern nicht den Untergang für die Menschheit bedeutet hat.

Auch die Schilderungen der Krankheiten, die Kindern berufstätiger Mütter drohen würden, bleiben unspezifisch und unkonkret. Es wird dann lediglich von psychischen Störungen, Entwicklungsverzögerungen, Süchten oder Verhaltensauffälligkeiten gesprochen.[36] Doch ebendieser Zusammenhang konnte in unzähligen Studien mit Krippen- und Kindergartenkindern, deren Mütter meist berufstätig sind, widerlegt werden (siehe auch Seite 76–78).[37]

Das hält die Gegner der modernen Mutterrolle nicht davon ab, vermeintlich schädliche Auswirkungen auf die Psyche der Kinder immer wieder in düsteren Farben auszumalen. Die hohe Bedeutung der Bindung zwischen Mutter und Kind in den ersten Tagen und Jahren wird hervorgehoben und mit körperlicher und psychischer Gesundheit der Kleinen gleichgesetzt.

Interessanterweise stellte sich allerdings in einer Langzeitstudie, die Kinder von der Geburt bis ins Erwachsenenalter begleitete, heraus, dass die ersten Lebensjahre auf das Bindungsverhalten, das man später als Erwachsener zeigt, den geringsten Einfluss haben.[38] Darüber hinaus kann man den Bindungsargumenten entgegenhalten, dass Säuglinge nicht etwa die Bindung an die Mutter, sondern schlicht die

Bindung an ein oder zwei feste Bezugspersonen brauchen. Karl Heinz Brisch – der sehr viel zur Bindungstheorie gearbeitet und veröffentlicht hat und hier als Koryphäe gilt – hat sich intensiv mit der Bindung zwischen Neugeborenen und Bezugspersonen beschäftigt und Zusammenhänge zu späterem Bindungsverhalten dargestellt. Er hat bereits früh darauf hingewiesen, dass es sich eben nicht notwendigerweise um die Mutter handeln muss, die eine enge Bindung zum Säugling aufbaut, damit dieser sich zu einem stabil gebundenen Erwachsenen entwickelt. Seinen Ausführungen zufolge bedarf es lediglich einer oder auch zwei fester Bezugspersonen. Dies muss nicht die Mutter sein. Es kann sich dabei auch um den Vater, die Großeltern, Pflegeeltern oder andere Personen handeln.[39]

4. Immer wieder wird auch die Religion zitiert, wenn es um die Begründung der traditionellen Aufgabenteilung zwischen Mutter und Vater geht. Der Begriff »gottgewollt« wird von Meves, Herman und Co. in diesem Zusammenhang geradezu inflationär gebraucht – ohne Rücksicht darauf, dass für viele moderne Menschen die Religion überhaupt keinen Bezugsrahmen mehr darstellt und obendrein Gott zu der gesamten Angelegenheit bisher noch nicht konkret zu seiner Meinung befragt wurde. Die religiösen Argumentationen verweisen auf eine Art gottesfürchtiges Leben, zu welchem angeblich gehört, dass die Mutter sich um Haushalt und Kinder kümmert, während der Vater einer Berufstätigkeit nachgeht und nicht in die Kindererziehung mit einbezogen wird. Gerade hochrangige Kirchenherren melden sich immer wieder gerne in der Öffentlichkeit zu diesem Thema zu Wort und prangern Frauen an, die sich gegen das traditionelle Rollenmodell bzw. die

Mutterschaft entscheiden oder ihre Kinder von anderen Personen betreuen lassen wollen.

5. Besonders häufig werden auch historische Argumentationen betrieben. Diese lassen sich in zwei Gruppen unterteilen: Zum einen gibt es die quantitativ-historische Argumentation, bei welcher behauptet wird, Mütter würden sich schon seit Jahrhunderten oder Jahrtausenden um die Kinderaufzucht kümmern, und daher müsste diese Rollenverteilung auch weiterhin erfolgen. Ein Paradebeispiel für die bekannte Totschlagargumentation »Das haben wir schon immer so gemacht, das haben wir noch nie so gemacht, wo kämen wir denn da hin?«. Dass die Tatsache, dass etwas früher so gemacht wurde, allein noch kein Argument oder ein Garant für die beste Methode ist, muss wohl nicht extra betont werden. Abgesehen davon ist es, wie wir noch sehen werden, keinesfalls richtig, dass die Kinderaufzucht seit Menschengedenken das einzige und ausschließliche Betätigungsfeld der Frau war.

Zum anderen existiert die qualitativ-historische Argumentation, bei welcher traditionelle Mutterschaft vor allem in Zeiten anzutreffen gewesen sein soll, in denen es der gesamten Gesellschaft gut ging (negative Beispiele wie das Dritte Reich, in dem großer Wert auf Mutterschaft und traditionelle Rollenbilder gelegt wurde, werden hier großzügig unterschlagen oder, wie im Fall von Eva Herman, sogar relativierend gelobt). Dem werden historische Phasen oder auch andere Kulturen gegenübergestellt, in welchen die Aufgabenteilung zwischen Mann und Frau weniger traditionell ist/war oder die Kinder im Kleinkindalter bereits institutionell betreut werden/wurden. In diesem Fall wird der Mangel an traditioneller Rollenverteilung als Ursache für politische Unruhen oder antidemokratische Regierungssysteme dargestellt. Die Auswahl der jeweiligen historischen Phasen und der Länder und Kulturen erfolgt dabei absolut willkürlich. Dem könnte man wiederum andere Zeiten gegenüberstellen, in denen es den Menschen in denjenigen Kulturen gut ging, in denen Kinder institutionell betreut wurden und Mann und Frau eher gleichberechtigt waren. Betrachtet man den Zusammenhang zwischen gesellschaftlichen und politischen Unruhen und dem Geschlechterverhältnis, muss man eher zu dem Schluss kommen, dass die Unzufriedenheit mit der traditionellen Rollenverteilung seit dem 18. Jahrhundert eben immer wieder zu Demonstrationen, Auflehnung gegen das System und Regierungskritik geführt hat.

Die Erfindung des Berufs »Hausfrau und Mutter«

In der medialen Öffentlichkeit sowie im privaten Bereich wurde mittlerweile so oft beschrieben, dass Mütter in vergangenen Zeiten einzig und allein für die Erziehung der Kinder verantwortlich waren und auch keine weiteren Aufgaben hatten, dass viele Menschen glauben, Frauen hätten sich tatsächlich »früher« ausschließlich der Kinderaufzucht gewidmet. Der historische Bezugsrahmen bewegt sich dann meist zwischen der Steinzeit und ca. 1970. Doch der Job »Hausfrau und Mutter« ist eine Erfindung und ein Ideal der 1950er-Jahre und hat in dieser ausschließlichen Art und Weise, soweit wir das heute wissen, vermutlich nie zuvor existiert.

Die Kleinfamilie und auch die Trennung von weiblicher und männlicher Arbeitssphäre sind Ergebnisse der Industrialisierungs- und Technisierungsprozesse im späten 19. Jahrhundert. Mit der Verringerung der agrarisch dominierten Lebensweise ging auch die Trennung von Erwerbsarbeit und Hausarbeit einher.[40] Vor Ende des 19. Jahrhunderts und Beginn des 20. Jahrhunderts waren die Aufgabenfelder von Männern und Frauen bei Weitem nicht so verschieden, wie uns heute oft weisgemacht werden soll. Männer und Frauen in dieser Zeit werden von der historischen Geschlechterforschung sogar als Produktionseinheit bezeichnet: »Beide, Ehemann und Ehefrau, haben dabei sowohl produktive als auch reproduktive Tätigkeiten ausgeübt. Obwohl dies – allerdings in anderer Form – eine geschlechtsspezifische Arbeitsteilung implizierte, gab es viele Arbeiten, die gemeinsam getan wurden oder direkt ineinandergriffen. Beide waren zudem materiell völlig aufeinander angewiesen.«[41]

Eine intensive Betreuung der Kinder durch einen Elternteil bzw. die Mutter, wie wir sie heute kennen, fand bis ins 20. Jahrhundert hinein so gut wie nicht statt. Große Teile des Tages waren Kinder auf sich selbst gestellt, oft unbeaufsichtigt oder sie liefen bei der Arbeit von Mutter oder Vater nebenher. Eine intensive Mutter-Kind-Beziehung oder eine Mutter, die sich ausschließlich um Haushalt und Kinder kümmerte, gab es nicht. Der Arbeitsalltag ließ schlicht nicht zu, dass sich Eltern länger mit ihren Kindern befassten.[42]

Es war sogar relativ weitverbreitet, dass Säuglinge schlicht aufbewahrt wurden. Sie wurden eng eingewickelt und beispielsweise an die Wand gehängt (!), während die Eltern auf dem Hof oder dem Acker arbeiteten.[43] In den bessergestellten Gesellschaftsschichten war es hingegen verbreitet, die Kinder bereits recht früh zu einer Amme zu geben, von Bediensteten betreuen zu lassen oder in Internate und Heime zu schicken. »Von einem liebevollen Umgang der Mütter mit ihren Kindern in unserem heutigen Verständnis kann hier nicht die Rede sein.«[44]

Für Mütter ist es wichtig zu wissen, dass die Vorstellungen von Befürwortern der traditionellen Mutterrolle – es wäre schon immer so gewesen und müsste daher richtig sein – falsch sind. Denn erst mit Einsetzen der Industrialisierung entstanden zwei Arbeits- und Aufenthaltsorte der Familie: die Fabrik und das Heim.»Mit der Auslagerung der Produktionsfunktion aus der Familie und der allmählichen Freistellung der Mittelklassefrauen beginnt sich die Form der Mutter-Kind-Beziehung zu entwickeln, die uns heute so geläufig ist, daß wir sie für die einzig ›natürliche‹ halten.«[45]

Bereits die erste Frauenbewegung Mitte des 19. Jahrhunderts forderte Stimmrecht, Bildungsteilhabe und Erwerbsarbeit für Frauen. 1933 nötigte Hitler nach seiner Machtergreifung alle Frauenorganisationen, sich aufzulösen oder sich der NS-Frauenschaft anzuschließen. Für Studentinnen führte er eine Anti-Frauen-Quote ein.[46] Noch 1932 waren ca. 16 Prozent der Studierenden weiblich, nach 1933 durfte dieser Anteil 10 Prozent nicht mehr übersteigen.[47] Der Nationalsozialismus hat die Trennung der Geschlechterrollen intensiv vorangetrieben. Mit der Mütterlichkeitsideologie und der Aufwertung der angeblich angeborenen Mütterlichkeit ging eine ungeheuerliche Abwertung anderer Talente und geistiger Möglichkeiten von Frauen einher. Ab 1938 wurden Frauen für Kinderreichtum mit dem Mutterkreuz ausgezeichnet. Erst durch den Nationalsozialismus wurden Frauen auf die Mutterschaft und Mütter auf die Erziehung der Kinder reduziert.

»Religion und Natur fallen in der nationalsozialistischen Mutter zusammen. Indem sie ihr Kind gebiert, schenkt sie der Rasse ewiges Leben. Unbeschadet dieser prominenten Rolle in der nationalsozialistischen Pseudoreligion stieg die Mutter nach dem Krieg wie der Phönix aus der Asche.«[48] In den 1950er-Jahren wurde nach den Schrecken des Nationalsozialismus und des Zweiten Weltkriegs der »Rückzug ins Private« kultiviert. Der beruflichen und weltlichen Sphäre der Männer wurde die häuslich-private Sphäre der Frauen gegenübergestellt. Der Beruf »Hausfrau und Mutter« wurde erfunden. Während sich die Mütter um das private Refugium der Familie kümmern sollten und sich ausschließlich mit dem Haushalt und der Kindererziehung beschäftigten, gingen die Männer einer Berufstätigkeit nach.

Die heile Welt der Familie wurde verklärt als Ort des Glückes und des Friedens, an dem Frauen völlig altruistisch und selbstaufopfernd nur noch das Ziel verfolgten, sich um die Bedürfnisse der anderen Familienmitglieder zu kümmern, und Fürsorglichkeit zu ihrer Hauptaufgabe wurde. Wobei auch hier anzumerken ist, dass eine Hausfrau der 1950er-Jahre mitnichten ständig mit ihrem Kind befasst war. Eine ständige Bespaßung, Förderung und Beschäftigung von Kindern war auch Anfang der zweiten Hälfte des 20. Jahrhunderts nicht die Norm – die Erziehungsprinzipien jener Zeit sahen dies schlicht nicht vor. Vielmehr wurde auf Gehorsam der Kinder Wert gelegt, ein ständiges Eingehen auf sie und ihre Bedürfnisse entsprach nicht dem Zeitgeist. Dies wandelte sich erst mit der 68er-Generation.

Förderung der Hausfrauenehe in der Bundesrepublik

Anders als in anderen europäischen Ländern hat die Familienpolitik in der zweiten Hälfte des 20. Jahrhunderts in Deutschland stets die »Hausfrauenehe« gefördert und unterstützt. Die Berufstätigkeit von Müttern galt lange als notwendiges Übel. Kinderbetreuungsplätze gab es selten, und eine Betreuung in

Krippen für unter Dreijährige war bis 2006/2007 die absolute Ausnahme – zumindest in Westdeutschland.[49]

Unter Ursula von der Leyen als Familienministerin wurde dann das Elterngeld 2007 eingeführt und der Ausbau der Krippenplätze stark vorangetrieben. Doch die Einstellung zu berufstätigen Müttern und der institutionellen Betreuung von Kindern wandelt sich trotz allem in Westdeutschland nur sehr langsam. In weiten Teilen der Gesellschaft ist nach wie vor beides sehr verpönt, trotz aller Lippenbekenntnisse zur Gleichstellung von Frauen. Gleichzeitig ist die Nachfrage nach Betreuungsplätzen für unter Dreijährige und auch die Nachfrage nach einer Ganztagsbetreuung für Drei- bis Sechsjährige und für Schulkinder stark angestiegen.

Inzwischen existiert zwar ein Rechtsanspruch auf einen Betreuungsplatz. Doch je nach Region müssen Eltern oft immer noch bangen, ob sie einen wohnortsnahen Betreuungsplatz bekommen, ob sie einen Kitaplatz mit den von ihnen benötigten Öffnungszeiten erhalten, ob die Betreuung pünktlich vor Beginn des beruflichen Wiedereinstiegs starten kann und ob sie den Betreuungsplatz überhaupt bezahlen können. Die Kosten für die Kinderbetreuung – sei es durch eine Tagespflegeperson, eine Krippe, einen Kindergarten oder Hort – schwanken je nach Region extrem. Es gibt Gemeinden, in denen die Betreuungsplätze kostenlos oder phasenweise (z.B. im letzten Jahr vor der Einschulung) kostenlos sind. In anderen Städten oder Gemeinden müssen für einen Ganztagsplatz 400 bis 800 Euro oder mehr gezahlt werden. Was dies bedeutet, wenn eine Familie sogar Betreuungsplätze für zwei oder mehr Kinder benötigt, kann man sich schnell ausrechnen.

Nach wie vor werden die meisten Kinder unter drei Jahren zu Hause von der Mutter betreut. Dass auch heutzutage noch oft die Ansicht vorherrscht, ein Kind wäre am besten 24

Stunden am Tag bei der Mutter aufgehoben, formt unser aktuelles Mutterbild. Die Betreuung von unter dreijährigen Kindern in Krippen oder durch Tagespflegepersonen und auch die Ganztagsbetreuung von Kindern jeder Altersstufe wird allenfalls als notwendiges Übel dargestellt, für die Kinder auf jeden Fall schlechter als eine Betreuung zu Hause. Somit entwickeln selbst Mütter, die spüren, dass ihre Kinder vom Krippenbesuch profitieren, meist ein mehr oder weniger stark ausgeprägtes schlechtes Gewissen.

Während die Entscheidung, ein Kind in einer Krippe oder ein älteres Kind ganztags betreuen zu lassen, meist ein schlechtes Licht auf die Mütter wirft, fragt niemand nach den Vätern. Stattdessen werden diese noch für ihre vermeintlich lieblosen Frauen bemitleidet. Die Idee, dass die Väter sich selbst einbringen könnten, hat kaum jemand, forciert wird sie schon gar nicht.

Gegen eine Mutter, die mit ihrem Kind für einen langen Zeitraum zu Hause bleibt und es selbst betreut, ist prinzipiell nichts einzuwenden – solange dies tatsächlich der Wunsch der betroffenen Frau ist. Tatsache ist aber: Mütter leiden unter dem traditionellen Mutterbild, ganze 96 Prozent der Mütter wollen berufstätig sein.[50] Hauptsächlich verantwortlich für die Unzufriedenheit und das schlechte Gewissen von Müttern ist der Zwiespalt zwischen ihren eigenen Bedürfnissen und den Anforderungen, die die Gesellschaft in weiten Teilen noch an sie stellt – denn diese erwartet nach wie vor, dass beruflicher Ehrgeiz und Karrierepläne hinter der Mutterschaft zurückstehen. Zudem müssen die Mütter auf Anerkennung und Wertschätzung verzichten. Denn für die Tätigkeiten als Hausfrau und Mutter gibt es keine gesellschaftliche Anerkennung – für berufstätige Mütter jedoch auch nicht. Sie sind vielmehr schnell als »Rabenmütter« verschrien. Dieser Umstand führt letztlich zu einer großen Unzufriedenheit aufseiten der Mütter. Einerseits stellt man enorme Anforderungen an sie und setzt sie unter Druck, diese auch zu erfüllen. Andererseits können sie es der Gesellschaft nicht recht machen. Sie erleben sich als scheiternd und ungenügend und erhalten für all ihre Bemühungen keinerlei Wertschätzung.

Viele Frauen lassen sich dazu drängen, länger zu Hause zu bleiben, als sie es eigentlich wollen. Sie steigen mit weniger Stunden wieder in den Beruf ein, als sie sich selbst wünschen. Und selbst nach dem Wiedereinstieg bleiben sie häufig komplett allein für Haushalt und Kindererziehung verantwortlich. Oder sie erledigen immerhin deutlich mehr der häuslichen Aufgaben als die Väter.

Neben der Frustration sorgt dieses Szenario obendrein für eine unangenehme wirtschaftliche Abhängigkeit der Frauen von ihren Männern bzw. den Kindsvätern, die sie nicht selten in unbefriedigenden oder lieblosen Beziehungen verharren lässt. Denn Frauen, die über längere Zeiträume nicht oder nur Teilzeit arbeiten, erwerben weniger Rentenansprüche, verdienen zudem oft nach dem Wiedereinstieg vergleichsweise wenig. Mit der verfehlten Familienpolitik drängt Deutschland Frauen zurück in traditionelle Abhängigkeitsverhältnisse.

Der Teufelskreis aus Abwerten und Minderwertigkeitsgefühlen

Dass Frauen den Spagat zwischen den eigenen Bedürfnissen und dem gesellschaftlichen Mutterbild versuchen, führt beispielsweise dazu, dass viel weniger Betreuungsumfang in Anspruch genommen wird, als benötigt wird. Dieser Umstand erhöht den Stresspegel und führt noch stärker zu einem schlechten Gewissen. Doch je mehr die unterschiedlichen Bedürfnisse von Müttern in Konflikt geraten und je mehr ihre eigenen Bedürfnisse mit den gesellschaftlichen Ansprüchen unvereinbar sind, umso eher geraten Frauen in den Teufelskreis aus Minderwertigkeitsgefühlen und Selbsterhöhung. Sie schwanken ständig zwischen dem Gefühl, eine Rabenmutter zu sein, und dem Wunsch, anderen dasselbe Gefühl zu vermitteln.

Viele Mütter haben ein geringes Selbstwertgefühl, da ihnen von außen immer wieder vermittelt wird, dass sie nicht gut genug sind und alles Mögliche falsch machen. Menschen, die ihr Selbstwertgefühl aufbessern möchten, um sich über die schlechten Minderwertigkeitsgefühle hinwegzuretten, haben nur eine Option, wenn ihnen gesellschaftliche Anerkennung versagt wird: Sie werten andere ab, um sich zumindest kurzfristig besser zu fühlen. Aber damit gerät noch mehr Druck in den Kessel, der ohnehin schon unter Dampf steht, und der Teufelskreis aus Minderwertigkeitsgefühlen und dem Abwerten der anderen Mütter wird weiter angetrieben. Je mehr Mütter andere Mütter kritisieren, umso mehr bekommen diese angefeindeten Mütter Schuld- und Minderwertigkeitsgefühle. Und umso stärker versuchen sie, wiederum in die Offensive zu gehen und sich selbst aufzuwerten, indem sie andere Mütter abwerten.

Das schlechte Gewissen und der Druck, der auf Müttern lastet, bewirken, dass sie noch stärker versuchen, den unmöglichen Anforderungen, die man an sie stellt, nachzukommen. Sie verlieren so oft den realistischen Blick dafür, was tatsächlich erfüllbar und machbar ist. Viele Mütter suchen daher auch erst nach einem Betreuungsplatz, wenn sie merken, wie viel Aufmerksamkeit ein Kind braucht. Sie versuchen oft, zunächst eine Minimallösung zu finden. Entweder passt die Großmutter stundenweise auf das Kind auf oder eine Tagesmutter. Studentinnen haben immer wieder die Hoffnung, dass sie lernen könnten, wenn das Kind schläft. Da Mütter spüren, dass ein Ganztagsplatz in einer Krippe oder im Kindergarten häufig als Indiz für einen Mangel an Mutterqualitäten gesehen wird, versuchen sie, so wenig Betreuung wie möglich in Anspruch zu nehmen. Stellen sie fest, dass sie statt dem Halbtagsplatz doch einen Ganztagsplatz benötigen, ist es dafür oft zu spät oder sie müssen zumindest sehr lange darauf warten. Und erst wenn sie sich zwischen Kind und Job aufreiben und kurz vor dem Burn-out stehen, merken sie, dass sie dem Bild der perfekten Mutter nicht gerecht werden können. Doch statt dies zuzugeben, sticheln sie gegen die Mütter, deren Kinder ganztags betreut werden. In ländlichen Regionen herrscht sogar bei den Ganztagskindern mitunter ein regelrechter Wettbewerb: Welche Mutter schafft es, ihr Kind früher abzuholen? Diejenigen Eltern, die ihre Kinder dann tatsächlich »erst« um 16.30 oder 17 Uhr von der Kita abholen, werden belächelt, kritisiert und ausgegrenzt.

Erziehungsdiktat und wachsende Anforderungen

In den letzten zehn bis 20 Jahren haben sich zudem verschiedene Konzepte einer »guten Mutter« herausgebildet, wobei jedem Konzept die Annahme zugrunde liegt, dass Abweichungen als schädlich für das Kind anzusehen sind. Jede Mutter betrachtet ihr Erziehungskonzept und Lebensmodell als das einzig »richtige« und hat große Schwierigkeiten damit, Abweichungen bei anderen zu akzeptieren oder wertzuschätzen. Je nach Region, Schicht oder auch Mutterclique gelten jedoch ganz andere Vorstellungen von einer »guten Mutter« oder von der »richtigen Kindererziehung«.

In den 1950er-Jahren gab es hingegen ein eindimensionales Mutterbild, die Vorgaben und Ansprüche an eine »gute« Mutter waren völlig klar. Es gab keine unterschiedlichen Strömungen oder verschiedene Mutterideale. Das Bild der perfekten Mutter zog sich durch alle Regionen und alle Schichten. Frauen sollten heiraten und nach der Hochzeit nicht mehr erwerbstätig sein, sie sollten Kinder bekommen und permanent für Kinder, Mann, Haus und Garten schuften und dabei stets entspannt und glücklich wirken.

Vielerorts gilt dieses absolut traditionelle Frauenbild auch heute noch, wobei jedoch der Aufgabenkatalog und die Möglichkeiten angewachsen sind und sich daher nun auch an Kleinigkeiten schon die Geister scheiden und die Meinungen weit auseinandergehen können. Von Müttern wird heutzutage das Erledigen unendlich vieler neuer Aufgaben erwartet. Sie sollen sich intensiv mit detaillierten Fragen zur Kinderbetreuung beschäftigen und die Optionen sorgfältig abwägen:

- Ist es besser, Kleinkinder von einer Tagesmutter oder von Erzieherinnen in einer Krippe betreuen zu lassen?

- Sollte der Brei für das Baby selbst gekocht oder gekauft werden?

- Darf man Zahnungsgel bei Zahnungsbeschwerden geben?

- Welche Auswirkungen hat die Verabreichung ätherischer Öle bei Erkältungen bei Kleinkindern?

- Soll das Kind geimpft werden?

- Eignet sich vegetarische oder gar vegane Ernährung für Kleinkinder?

- Sind die Trinkflaschen aus dem Supermarkt schadstofffrei?

- Sollten Säuglinge gestillt werden und wenn ja, wie lange?

- Füttert man aus Glas- oder Plastikfläschchen, mit Latex- oder Silikonsauger, aus Standard- oder Weithalsflaschen, mit Kirsch- oder Rundsauger, mit Henkeln oder ohne?

- Kauft man die Fläschchen von bekannten Marken oder aus der Drogerie oder kauft man gar ganz besonders teure, aber innovative Fläschchen und Sauger aus der Apotheke?

- Und wie schneidet welcher Sauger, welches Laufrad, welcher Kindersitz bei Stiftung Warentest und im Ökotest ab?

An jeder noch so banalen Entscheidung, die Eltern treffen müssen, scheiden sich die Geister. Eine Frau kann mit ihrem Erziehungsstil und ihren persönlichen Entscheidungen zu all diesen Fragen unmöglich überall als gute Mutter gelten. Wo sie für die eine Entscheidung mitleidig belächelt oder streng kritisiert wird, trifft eine andere Entscheidung auf großen Anklang und Zustimmung. Darüber hinaus ist es ein kräfteraubender Prozess, täglich Hunderte von Entscheidungen bestmöglich treffen zu müssen. Die Hinweise, Produktinformationen, Testergebnisse und Zeitungsartikel, die hierfür gelesen und recherchiert werden müssen, sind vom zeitlichen Umfang her mit einer Abendschule zu vergleichen. Die natürlich neben dem 24-Stunden-Job als Hausfrau und Mutter absolviert werden muss.

Hinzu kommen die endlosen Fördermöglichkeiten, die wahrgenommen werden wollen. Noch vor 20 bis 30 Jahren haben Kinder einfach vor sich hingespielt, wurden nur lose betreut und nicht ständig beschäftigte sich ein Erwachsener mit ihnen. Heute sollen Kinder permanent bespaßt und gezielt gefördert werden. Es herrscht der Anspruch, dass die Mutter ihre Aufmerksamkeit ununterbrochen direkt auf das Kind richtet. Eine Frau, die Zeitung liest oder telefoniert, während ihr Kind allein spielen soll, gilt in bestimmten Kreisen fast schon als Rabenmutter.

Zu dem Förderwahn hat auch die Politik beigetragen. Gleich mehrere bildungspolitische Entscheidungen der letzten Jahre haben den Leistungsdruck von den Hochschulen über die weiterführenden Schulen an die Grundschulen bis in die Kindertagesstätten weitergereicht. Die Modularisierung der Studiengänge im Rahmen des Bologna-Prozesses hat den Leistungsdruck an den Hochschulen verstärkt und das Arbeitspensum verdichtet. Die Verkürzung des Gymnasiums auf acht Schuljahre hat auch hier zu einem zunehmenden Lern- und Leistungsdruck geführt. Die alltägliche zeitliche Belastung ist für Schüler und Schülerinnen und für Studierende dadurch immens gestiegen. Gleichzeitig werden die Grundschulen vielerorts zu (teilweise offenen) Ganztagsschulen umfunktioniert. Dabei gibt es aber nur äußerst selten eine adäquate Lösung für die Hausaufgaben. Es sitzen 20 oder mehr Kinder in Schulräumen und werden von einer Person bei den Hausaufgaben betreut. In so einer Situation kann es überhaupt nicht mehr darum gehen, dass die Kinder Hilfestellung bekommen oder Verständnisfragen geklärt werden. Die Kinder werden lediglich beaufsichtigt und bereits ab der ersten Klasse sich selbst überlassen – mit dem Ergebnis, dass einmal mehr die Mütter einspringen müssen, in der Berufstätigkeit kürzertreten müssen, um ihre Kinder ausreichend schulisch zu betreuen.

Die Anforderungen an die Mütter beginnen aber schon weit vor der Einschulung. Die Grundschulen stöhnen, dass die Kinder am Ende der vierten Klasse mehr können müssen als früher. Dadurch werden natürlich auch wiederum bei der Einschulung bereits mehr Kompetenzen erwartet. Und diese gilt es selbstverständlich im Kleinkind- und Vorschulalter zu erwerben. Für die optimale Förderung der lieben Kleinen soll natürlich nach wie vor hauptsächlich die Mutter verantwortlich sein – denn trotz aller Gleichstellungspolitik liegt die Betreuung von Kindern in den frühen Lebensjahren überproportional bei den Frauen. Sie sollen sämtliche Sinne der Kinder anregen, jeden natürlichen Entwicklungsschritt unterstützen und provozieren und mit ihren Kindern Babymassagekurse, Babyschwimmkurse, PEKiP-, DELFI- oder Pikler-Kurse besuchen, die musikalische Früherziehung und den Vorschul-Englischkurs, die Malgruppe und das Kinderyoga.

Gleichzeitig erleben wir eine neue Hausfraulichkeit. Mütter sollen – so wie das »früher« war – alles selber backen, kochen und basteln. Der Unterschied zu früher ist, dass dies früher von Frauen erledigt wurde, die zu Hause blieben und nicht parallel berufstätig waren. Der Anspruch, dass eine Mutter ihrer Familie täglich frisch gekochtes Essen präsentieren soll, besteht jedoch nach wie vor. Die Anforderungen sind sogar gewachsen. Unsere Vorstellungen von einem gesunden Essen sind inzwischen deutlich komplizierter zu erfüllen, als dies noch vor 20 oder 30 Jahren der Fall war. Es sollen ungespritztes Biogemüse, fair gehandelter Reis und mageres Geflügel zu einer glutenfreien, aspartamfreien Low-Carb-Mahlzeit zubereitet werden. Und der Marmorkuchen zum Kindergeburtstag rückt auch keine Mutter mehr in ein gutes Licht. Zu

Feiern aller Art müssen aufwendig geschichtete und verzierte, konditorgleiche Piratenschiff-Torten hergestellt werden – natürlich aber bio!

Es wird erwartet, dass Mütter Taufeinladungen, Babytagebücher, Schultüten und Fotocollagen mit Babyfußabdrücken basteln. Für all diese Aufgaben benötigt man nicht nur ein gewisses Talent und Übung, vor allem kosten diese aufwendigen Arbeiten jede Menge Zeit. Doch auch bei den Produkten, die Eltern nach wie vor kaufen, wie zum Beispiel Kinderautositze, Schnuller, Sonnencreme, Regencapes, Laufräder und Co., hat der Zeitaufwand, wie bereits ausgeführt, stark zugenommen, denn Mütter sollen stets auf dem Laufenden sein, welches Produkt laut diverser Warentests und Ökotests das Beste für ihr Kind ist. Und gleichzeitig sind viele Mütter auch noch berufstätig – zwar häufig nur in Teilzeit, aber auch mit »nur« einer 20-Stunden-Woche im Büro wird jeder Tag, an dem Arbeit und Familie koordiniert werden müssen, ein Drahtseilakt.

In den letzten 20 bis 30 Jahren sind die Ansprüche an die Kindererziehung also stark gestiegen; nicht zufällig genau in der Zeit, in welcher Mütter begonnen haben, sich gegen das jahrelange Zu-Hause-Bleiben aufzulehnen. Susan Faludi hat diese antifeministische Gegenreaktion auf die Frauenbewegung der 1970er-Jahre als Backlash bezeichnet in ihrem 1991 erschienenen Buch *Backlash: The Undeclared War Against American Women*[51]. Sie machte Ende der 1980er-Jahre in den USA frauenfeindliche Strömungen aus, die in puncto Gleichberechtigung sehr rückschrittlich waren, wie beispielsweise eine erstarkende Anti-Abtreibungsbewegung, das Aufkeimen der »neuen Mütterlichkeit« oder eine neue Frauenfeindlichkeit in der Massenkultur.[52] Eine ganz ähnliche Entwicklung konnte man Ende der 1980er- und Anfang der 1990er-Jahre auch in Deutschland beobachten.

Grundsätzlich haben die Bestrebungen und Kämpfe von Frauenrechtlerinnen für die Gleichberechtigung von Mann und Frau immer wieder antifeministische Bewegungen als Reaktion nach sich gezogen. Daher muss man sich natürlich auch bei dieser aktuellen »neuen Hausfraulichkeit« und dem Anwachsen des mütterlichen Aufgabenkatalogs die Frage stellen: Weshalb hat die Gesellschaft ihre Erwartungen an Mütter heraufgeschraubt, als diese begonnen haben, zunehmend einer Berufstätigkeit nachzugehen und sich nicht mehr nur mit ihrer Rolle als Hausfrau und Mutter zufriedenzugeben?

Konservative Strömungen und Gruppierungen müssen akzeptieren, dass Mütter berufstätig sein dürfen – rein rechtlich gesehen. Bis 1977 regelte das Bürgerliche Gesetzbuch noch, dass Ehefrauen hierfür der Zustimmung ihres Mannes bedurften.[53] Die einzige Möglichkeit, Mütter nun noch davon abzuhalten, einer Erwerbstätigkeit nachzugehen, ist es, sozialen Druck aufzubauen, ihnen ein schlechtes Gewissen einzureden, sie Rabenmutter zu schimpfen, die häuslichen Aufgaben und Anforderungen derart ausufern zu lassen, dass sie quasi kaum noch mit einer Berufstätigkeit vereinbart werden können. Wer Müttern einredet, sie wären keine guten Mütter, wenn sie in ihren Beruf zurückkehren, hat offenbar vor allem eins im Sinn: dass Mütter nicht berufstätig sind. Damit soll ein Ungleichgewicht zwischen den Geschlechtern beibehalten werden.

Diesen antifeministischen Ansichten und Meinungen liegt eine ablehnende Haltung gegenüber der Gleichberechtigung zwischen Mann und Frau zugrunde. Insbesondere konservative Gruppen, Menschen mit Angst vor Veränderungen und Menschen, die vom traditionellen Geschlechterverhältnis profitieren, stehen einer modernen Frauen- und Männerrolle kritisch gegenüber. Männer fürchten oft die weibliche Konkurrenz im Berufsleben. Viele ältere Frauen haben mangels

Bildung, Ausbildung oder beruflicher Qualifikation nicht (mehr) die Möglichkeit, eine moderne Frauenrolle zu leben, und stehen dieser Veränderung daher skeptisch gegenüber. Zudem bedeutet ein modernes Geschlechterverhältnis natürlich auch, sich auf neue Wege zu begeben, mangels Vorbildern permanent eigene Entscheidungen immer wieder neu treffen zu müssen und alles bisher Dagewesene kritisch zu überdenken. Das ist anstrengend und kann Angst machen. Doch es birgt eben auch die Chance, seine Rolle selbst zu definieren, aus dem Gefängnis der traditionellen Norm ausbrechen zu können und unabhängig und glücklich in Freiheit zu leben.

Von diesem Szenario sind wir im Zusammenhang mit der Mutterschaft jedoch noch meilenweit entfernt – eine selbstbestimmte Definition dieser Rolle ist kaum möglich. Die Aufgaben, die an Mütter herangetragen werden, sind angewachsen auf ein Volumen, das kaum noch zu bewältigen ist, die Mutterschaft unterliegt einer regelrechten Professionalisierung. Je höher die Ansprüche sind, je vielfältiger die Aufgaben, umso schwerer wird es, diesen gerecht zu werden. Mütter müssen sich daher ständig als scheiternd und als defizitär erleben.

Längst geht es nicht mehr um die Frage, ob Frauen bzw. Mütter überhaupt arbeiten gehen dürfen. Es geht darum, ob sie es unter diesen stressigen Bedingungen noch wollen. Denn vielen macht die Vorstellung Angst, als Rabenmutter abgestempelt zu werden, weil sie auf die Notfallbetreuung in der Schule am Zeugnistag auch nach 10.30 Uhr angewiesen sind oder bei der Sommerfeier in der Krippe nicht beim Aufbau helfen konnten. Sie haben Angst davor, ausgegrenzt, kritisiert und angefeindet zu werden, weil sie Tiefkühl-Brownies zur Faschingsfeier mitgebracht haben, weil sie ihrem Kind Brei aus Gläschen füttern oder es mit sechs Monaten zu Tagesmutter gebracht haben.

Berufstätigkeit hat daher für Mütter eine völlig andere Bedeutung als für Väter. Während Mütter einen empfindlichen Verlust an Anerkennung und Wertschätzung verkraften müssen, erfahren Väter durch Gesellschaft, Medien, Freunde und Familie gesellschaftliches Ansehen für ihre meist in Vollzeit ausgeübte Berufstätigkeit. Dadurch wird die Motivation von Müttern, erwerbstätig zu sein, auf eine harte Probe gestellt. Und zwar nicht nur, weil ihnen die gesellschaftliche Anerkennung verweigert wird.

Das Wohlergehen der Kinder ist das Thema, das den Müttern immer und immer wieder ins Gedächtnis gerufen wird. Es wird ihnen von Medien und Gesellschaft eingetrichtert, dass jede ihrer Entscheidungen und Handlungen eine direkte Auswirkung auf das Kindeswohl hat und allein deshalb sehr gut überlegt sein will. Keine Mutter möchte, dass es ihrem Kind schlecht geht. Und daher lassen sich Mütter mit diesen Drohgebärden schnell unter Druck setzen.

Hat das Kind dann tatsächlich irgendwelche Probleme, Krankheiten oder Schwierigkeiten, z.B. eine Entwicklungsverzögerung, ADHS, eine Wahrnehmungsstörung, eine Sehschwäche, Fehlhaltungen, häufige Infekte, Schulprobleme oder etwas anderes, dann wird sich jede Mutter fragen, ob das im Zusammenhang mit ihrer Berufstätigkeit steht. Ein entsprechender Zusammenhang würde freilich nie zwischen dem Problem des Kindes und der Berufstätigkeit des Vaters vermutet.

Für Mütter wird die Vereinbarkeit von Beruf oder auch Studium und Familie also enorm erschwert. Dass gleichzeitig der Muttermythos aufrechterhalten wird und Frauen vorgegaukelt wird, die Mutterrolle, die den Frauen ja schließlich »im Blut liegt«, wäre mit Leichtigkeit zu erfüllen, bewirkt, dass Mütter ihre Möglichkeiten oft unrealistisch positiv einschätzen. Wenn sie spüren, dass ihnen die Vereinbarung von Familie und Beruf nicht so einfach gelingen will, wie dies von anderen Müttern und der Gesellschaft oft dargestellt wird, zweifeln sie an sich selbst und hoffen, dass sie es doch irgendwie schaffen, Vollzeit zu studieren, wenn sie ihr Kind nur stundenweise betreuen lassen. Oder dass sie den Halbtagsjob im Büro mit dem Stillen – das ja angeblich unabdingbar für eine gesunde Entwicklung des Kindes ist! – unter einen Hut bekommen, wenn die Großmutter stundenweise auf das Kind aufpasst und regelmäßig mit ihm im Büro vorbeischaut, damit die Mutter ihre Pausen mit Stillen verbringen kann.

Mütter versuchen die Erwartungen zu erfüllen, indem sie keinerlei Erholungsphasen für sich selbst einplanen und eventuell vorhandene Pausen mit Arbeit und Kind vollstopfen. Das kann nicht funktionieren. »Eine große Mehrheit der Mütter scheitert täglich an einem unrealistischen Ideal der guten Mutter und wird von (unnötigen, unrealistischen) Gefühlen des Ungenügendseins und Versagens geplagt, die sich belastend auswirken, auch auf die liebevolle Beziehung zum Kind.«[54]

So trägt eben gerade der Muttermythos, der scheinbar zum Wohle der Kinder existiert, da diese von perfekten Müttern profitieren sollen, dazu bei, dass es nicht nur den Müttern, sondern auch den Kindern schlechter geht. Denn natürlich kann eine Mutter, die unglücklich ist, jedoch alle negativen Gefühle unterdrücken muss, ihrem Kind weder ein gutes Vorbild sein noch kann sie ihre eigene Ambivalenz und Maskerade tatsächlich vor dem Kind verbergen. »Die Mütter wollen perfekte, ihre Kinder stets mit Liebe überschüttende Mütter sein und werden doch immer wieder mit ungeliebten und verachteten Schattenanteilen konfrontiert, die sie aufgrund des Muttermythos' als nicht normal wahrnehmen und darum auch verleugnen müssen. Das Kind aber wird unbewusst damit belastet.«[55]

Die Dekonstruktion des Muttermythos ist daher kein Mütterthema. Es ist auch kein Familienthema. Der Muttermythos und seine folgeschweren Auswirkungen auf (kinderlose) Frauen, Mütter, Kinder, Väter, Familien und die gesamte Gesellschaft geht uns alle an und belastet uns auch alle. Denn der Verhaltensstandard der »guten Mutter« ist eben nicht wünschenswert. Er führt nicht zu glücklicheren Müttern und erst recht nicht zu glücklicheren, ausgeglicheneren, psychisch gesünderen Kindern. Ganz sicher führt er auch nicht zu einer »besseren Gesellschaft«. Die Fixierung auf die Mutter bezüglich der Kinderbetreuung führt für die Kinder nämlich auch zu einer »übermäßigen Abhängigkeit von einem einzigen Wesen, der Mutter«[56]. Der Begriff »Helikopter-Mütter« hat Einzug in den Sprachgebrauch gehalten als Bezeichnung für Mütter, die unentwegt um ihr Kind kreisen, auf jede Regung und Kleinigkeit reagieren. Dies ist nicht nur ungesund für die Mutter, hierdurch wird die Entfaltung der kindlichen Persönlichkeit sogar behindert, denn es fällt dem Kind unter diesen Umständen schwer, Selbstständigkeit und Unabhängigkeit zu entwickeln.

In weiten Teilen der Gesellschaft – insbesondere in Westdeutschland – wird die Betreuung von Kindern durch Tagespflegepersonen, Krippen und Kitas nach wie vor als schädlich angesehen und entsprechend stigmatisiert. Doch viele Studien belegen inzwischen, wie gut den Kleinen die Betreuung außer Haus tut. Seit den 1970er-Jahren wurden vor allem in den USA und Skandinavien zahlreiche Studien dazu durchgeführt, welche Auswirkungen die außerfamiliale Betreuung auf Kinder hat.[57]

Dabei wurde herausgefunden, »dass die fremdbetreuten Kinder genauso gute oder sogar bessere Ergebnisse bei Tests über ihre kognitive Entwicklung erbrachten als Kinder, die nie fremdbetreut wurden. Sie besaßen mehr Kenntnisse, waren kreativer im Umgang mit Materialien, verfügten über mehr arithmetische Fertigkeiten (wie Zählen, Messen usw.), konnten Informationen besser behalten und akkurater wiedergeben und verwendeten einen komplexeren Sprachstil.«[58] Auch Leiterinnen von Kindergärten berichten davon, dass sie am Entwicklungsstand eines Kindes sehr gut erkennen können, ob es bereits vor dem dritten Geburtstag in einer Krippe oder bei einer Tagesmutter war, dass die Kinder, die Betreuungserfahrung haben, insgesamt weiter entwickelt sind.

Doch die Vorteile der außerhäusigen Betreuung in Gruppen mit anderen Kindern sind nicht allein auf die kognitiven Fähigkeiten beschränkt. »Unterschiede zeigen sich manchmal auch im Sozialverhalten der Kinder. Kinder aus Tageseinrichtungen sind oft sozial kompetenter, selbstbewusster, durchsetzungskräftiger und offener. Sie fühlen sich in neuen Situationen sicherer, verhalten sich weniger zaghaft und ängstlich, sind hilfsbereiter und kooperativer als Kinder, die zu Hause betreut werden.«[59]

Und auch in einer aktuellen Übersichtsarbeit von 2010, die die Krippenforschung der letzten 50 Jahre zusammengefasst hat, kommen die Forscher zu dem Schluss: Kinder profitieren von der Krippenbetreuung. Die Entwicklungspsychologen um Rachel Lucas-Thompson vom Macalester College in Minnesota haben bei ihrer Untersuchung 69 Studien zusammengefasst, die zwischen 1960 und 2010 entstanden sind. Sie empfehlen, dass Mütter sich nicht so viel um das Wohlbefinden ihrer Kinder sorgen sollten, wenn sie über eine Kinderbetreuung nachdenken. Denn dass die Mütter wieder arbeiten gehen, wirkt sich sogar positiv auf die Kinder aus. »Dies gilt vor allem für den Nachwuchs von Alleinerziehenden und aus Familien mit niedrigem Einkommen. Sie schnitten in Intelligenztests besser ab und waren seltener aggressiv oder übertrieben ängstlich als die Sprösslinge von vergleichbaren Müttern, die nicht arbeiteten.«[60]

Eine aktuelle Studie der Bertelsmann-Stiftung, die mit über 1000 deutschen Kindern durchgeführt wurde, kommt ebenfalls zu ganz ähnlichen Ergebnissen. Diese sollten alle Mütter deutlich beruhigen, die befürchten, ihren Kindern mit der Betreuung in der Kita Schaden zuzufügen.

IV. Mütter, die ihre Mutterschaft bereuen

Nachfolgend stelle ich die Mütter vor, die ich bei meinen Recherchen zu dem Thema Regretting Motherhood für dieses Buch gewinnen konnte. Wie eingangs beschrieben, habe ich die Mütter zum einen über Kontakte zu Journalistinnen gefunden, die selbst im Frühjahr zu dem Thema recherchiert hatten. Zum anderen habe ich in den sozialen Netzwerken Twitter, Facebook, NetMoms und Urbia nach Müttern gesucht, die sich dort als bereuende Mutter geoutet haben, und habe parallel dazu gezielt Aufrufe in den sozialen Netzwerken geschrieben, auf welche sich Mütter bei mir gemeldet haben. Innerhalb weniger Tage hatte ich bereits 50 Mütter zusammen.

Ich bat die Frauen, einen Fragebogen zu beantworten, und sicherte ihnen selbstverständlich absolute Anonymität zu. Trotz anfänglicher Zusagen beschlossen sehr viele Mütter nach ein paar Wochen, den Fragebogen doch nicht auszufüllen. Ich erhielt von 21 Müttern einen ausgefüllten Fragebogen. Drei davon schienen mir jedoch nicht so gut in das Buch zu passen. Eine Mutter war beispielsweise aufgrund einer Vergewaltigung schwanger geworden, was eine besondere Belastungssituation für die Beziehung zum Kind darstellt, die nicht typisch ist. Ich habe mich daher entschlossen, nur 18 der 21 Fragebögen in das Buch miteinzubeziehen. Die Mütter, die den Fragebogen letztlich nicht ausfüllten, gaben dafür folgende Gründe an:

- Stress mit den Kindern oder auch mit einem Umzug oder dem beruflichen Wiedereinstieg; dies war der häufigste Grund.

- Die Sorge, wie es sich psychisch auf sie auswirken könnte, wenn sie sich zu intensiv mit dem Thema befassen.

- Die Angst, dass die Anonymität doch nicht zu 100 Prozent gewährleistet wäre und zufällig Personen aus ihrem Umfeld – schlimmstenfalls ihre eigenen Kinder – mitbekommen könnten, dass sie sich an diesem Buch beteiligt haben.

- Technische Schwierigkeiten mit dem PC, Laptop oder Drucker.

- Schlechte Erfahrungen mit anderen Journalistinnen oder Journalisten zu diesem Thema, die die bereuenden Mütter in einem schlechten Licht dargestellt haben.

Der Fragebogen war folgendermaßen gestaltet:

Persönliche Daten
Dein Vor- und Zuname:
Dein Alter:
Das Alter deiner Kinder/deines Kindes:
Lebst du mit dem Vater zusammen/getrennt/geschieden/alleinerziehend/leben die Kinder bei dir oder beim Vater?
Dein Wohnort und Bundesland:
Dein Beruf:

1. Wenn du mit dem heutigen Wissen und deinen jetzigen Erkenntnissen die Zeit zurückdrehen könntest, würdest du dich dann (wieder) dazu entschließen, Kinder zu bekommen?

2. Hast du mit anderen Menschen darüber gesprochen, dass dich die Mutterrolle belastet oder dass du es bereust, Mutter geworden zu sein? Wenn ja, mit wem und wie waren die Reaktionen? Wenn nein, warum nicht?

3. Seit wann weißt du selbst, dass dich die Mutterrolle unglücklich macht bzw. dass du es bereust, Mutter geworden zu sein? Gab es da eine Schlüsselsituation oder ist dir das nach und nach bewusst geworden?

4. Hast du Schuldgefühle oder ein schlechtes Gewissen wegen dieser Empfindungen?

5. Was genau belastet dich am meisten an der Mutterrolle?

6. In welchen Situationen fühlst du dich als Mutter am unwohlsten?

7. Was wäre in deinem Leben anders und besser, wenn du keine Kinder hättest?

8. Wie ist dein Verhältnis zu deinem Kind/deinen Kindern?

9. Wie viel Unterstützung bekommst du bei der Kindererziehung vom Vater, von euren Familien, vom Kindergarten etc.?

10. Was müsste sich an deiner persönlichen Situation und/oder in der Gesellschaft ändern, damit du als Mutter zufriedener wärst (wenn es solche Faktoren überhaupt gibt)?

11. Würdest du sagen, dass dein Kind/deine Kinder besonders anstrengend sind im Vergleich zu anderen oder dass deine Lebenssituation schwieriger ist als bei den meisten? Erläutere das bitte kurz.

Im Folgenden beschreibe ich nun die 18 Mütter und ihre Lebenssituation, ihre Empfindungen und ihr Verhältnis zur Mutterschaft und zu ihren Kindern. Damit die Unterschiede und Gemeinsamkeiten zwischen den Frauen und ihren Lebenslagen genau deutlich werden, skizziere ich jede Mutter einzeln. Die angegebenen Namen sind lediglich Pseudonyme, um die Anonymität zu gewährleisten.

Marta, 49 Jahre, Bayern

Marta ist Bankkauffrau und lebt mit ihren 12 und 15 Jahre alten Kindern und deren Vater zusammen.

Marta hat mit vielen verschiedenen Müttern darüber gesprochen, dass sie ihre Mutterschaft bereut. Dabei hat sie ganz unterschiedliche Reaktionen erlebt. Die Äußerungen der anderen reichten von »Verständnis und Zustimmung bis hin zu verärgertem Abwenden und Unverständnis. Manche waren der Meinung, die derzeitigen Schwierigkeiten mit den pubertierenden Kindern wären der Auslöser und kein Grund, das Muttersein zu bereuen. Mit der Nachbarin habe ich gesprochen und wir waren der einhelligen Meinung, Hunde statt Kinder wären besser gewesen. Zwar im Spaß gesprochen, aber doch mit ernstem Inhalt. Künftig werde ich aber mit niemand mehr darüber sprechen.«

Dass sie ihre Mutterschaft bereut, wurde Marta erst nach und nach klar. Sie beschreibt, dass sie anfänglich Angst, Frustration, Überforderung und Hilflosigkeit verspürte und sich diese Gefühlsmischung irgendwann allmählich zu einem Bereuen wandelte. Sie hat deshalb große Schuldgefühle den Kindern gegenüber. Belastend ist dabei vor allem, dass sich ihre Reue nicht verträgt mit dem Leben, der Zukunft und dem

Glück ihrer Kinder. »Ich bin oft sehr verzweifelt und weiß nicht, wie ich meine Aufgabe als Mutter erfüllen soll, wie ich die Kinder erziehen soll.«

Diese Unsicherheit empfindet sie als sehr belastend. Marta fragt sich, wie sie all den Aufgaben als Mutter, Hausfrau, Ehefrau und Angestellte gerecht werden soll. Zudem ist sie stark verunsichert, was von ihr als Mutter eigentlich erwartet wird. »Wann beginnt das Bemuttern, verwöhne ich sie oder erziehe ich sie zu selbstständigen Menschen? Meine eigene Kindheit kann und will ich als Beispiel nicht hernehmen. Somit hänge ich in der Luft. Die Reaktionen von außen sind verschieden. Von »Du musst härter durchgreifen« bis zu »Schläge haben noch keinem geschadet« oder »schlecht erzogene Fratzen« höre ich so allerhand nicht Hilfreiches. Ich weiß nicht, wie ich die Jungs erziehen soll. Mein Mann ist da auch keine große Hilfe, da beruflich total gefordert. Wie ich als Mutter sein soll, weiß ich auch nicht. Meine und andere Mütter sind mir auch kein Vorbild. Gebe ich zu viel oder zu wenig? Helikopter-Eltern!!!!! Und wenn was passiert, dann sind die Eltern schuld.«

Besonders unwohl ist ihr, wenn die Fähigkeiten ihrer Kinder oder ihre eigenen Erziehungsmethoden von Außenstehenden kritisiert werden. Dies geschieht meist durch Verwandte oder Lehrkräfte.

Ihre Kinder sind nicht besonders anstrengend, außerdem lebt Marta in sehr guten Verhältnissen. Ihre Beziehung zu den Kindern kann sie nur schwer beschreiben. »Wir raufen uns immer wieder zusammen. Teilweise haben die Kinder Angst vor mir, glaube ich. Manche Reaktionen an den Kindern hasse ich. Ich bin sehr verunsichert. Ich liebe sie.«

Unterstützung erfährt Marta vor allem vom Vater der Kinder. Doch die grundsätzlichen Zuständigkeiten sind sehr traditionell geregelt und Marta ist die Hauptverantwortliche, wenn es um die Kindererziehung geht. »Seit die Jungs älter sind, ist der Vater aber mehr angesagt als ich. Finde ich aber auch richtig und gut so.«

Was würde Martas persönliche Situation verbessern? »Ich will Anerkennung für meine Leistung als Mutter und Angestellte. Im Bestfall Unterstützung oder zumindest Verständnis für mich und keine Verurteilung. Ich will Sprechstunden bei den Lehrern am Nachmittag. Kein Hinterfragen, muss diese Mutter arbeiten und welche Probleme werden sich hieraus für die Familie ergeben. Arbeitende Mütter sollen nicht als geldgeil und erziehungsfaul hingestellt werden und deren Kinder somit als schlecht erzogen.«

Wenn Marta noch mal die Möglichkeit hätte, sich für oder gegen Kinder zu entscheiden mit dem heutigen Wissen um die Mutterrolle, würde sie keine Kinder mehr bekommen wollen.

Nina, 62 Jahre, Bayern

Nina ist Hausfrau und inzwischen Rentnerin. Ihre Kinder sind mit 37 und 39 Jahren bereits erwachsen und leben für sich. Vom Vater der Kinder ist Nina geschieden.

Darüber, dass Nina ihre Mutterschaft bereut, hat sie nur mit sehr wenigen Menschen gesprochen. Mit ihrem jetzigen Mann kann sie darüber reden; er versteht zwar ihre Gefühle und Schilderungen, kann das Bereuen selbst jedoch nicht nachvollziehen.

Ansonsten hat sie ausschließlich mit Journalistinnen im Frühjahr 2015 über ihre Gefühle der Mutterschaft gegenüber gesprochen, jedoch nicht mit anderen Müttern. »Ich habe die Erfahrung gemacht, dass andere nichts nach außen dringen lassen und nichts zugeben wollen.«

Nina beschreibt, dass sie selbst keinen Kinderwunsch hatte. »Ich wollte von Anfang an keine Kinder. Dann gehörte es einfach zum Leben dazu, ein Kind zu haben. Es wurde mit niemandem darüber gesprochen. Und ein Einzelkind sollte es auch nicht sein. Also gab es ein zweites Kind.«

Dass sie ihren eigenen Wunsch, keine Kinder zu bekommen, dem allgemeinen »Standard« der anderen untergeordnet hat, hat sich negativ auf ihr Verhalten den Kindern gegenüber ausgewirkt, davon ist Nina überzeugt. Auf die Frage, ob sie Schuldgefühle hat, antwortet Nina: »Ja, sehr sogar, weil ich meine innere Unzufriedenheit massiv an den Kindern ausgelassen habe. Ich konnte mich einfach nicht beherrschen. Und Hilfe gab es nirgends.« Dabei sind ihre Kinder nicht besonders anstrengend oder verhaltensauffällig, findet sie. Wenn sich die Kinder schwieriger benommen haben als andere Kinder, so sei dies nur eine normale und verständliche Reaktion auf das Verhalten ihrer Mutter gewesen. Dadurch hat Nina sehr große Schuldgefühle. Am meisten hat sie belastet, dass sie sich mit der gesamten Situation mit den Kindern und mit ihrer Unzufriedenheit alleingelassen fühlte und von außen lediglich destruktive Ratschläge und Kritik kamen. Sie fühlt sich mit ihrem schlechten Gewissen nach wie vor allein und würde an einem Leben ohne Kinder vor allem schätzen, dass sie dann nicht diese Schuldgefühle hätte.

Ihre Tochter hat vor neun Jahren therapeutische Hilfe in Anspruch genommen und sich daraufhin von ihrer Mutter abgewandt. Das Verhältnis zum Sohn ist nicht hervorragend, aber es ist einigermaßen stabil.

Nina hat Hilfe und Unterstützung vermisst. Auf die Frage, wie viel Unterstützung sie bekommen hat, schreibt sie: »Eigentlich zu wenig. Zum einen konnte ich es nicht zulassen und zum anderen auch nicht annehmen.« Als Ursache dafür, dass sie von Beginn an keine Kinder wollte und dann so unzufrieden damit war, Kinder zu haben, sieht Nina die negativen Erfahrungen aus ihrer eigenen Kindheit. Deshalb hätte es aus ihrer Sicht im Nachhinein auch keine Hilfen geben können, die ihr tatsächlich genutzt hätten, weil sich die Vergangenheit und ihre eigenen Erlebnisse dadurch nicht mehr verändern lassen. »Von außen gibt es da keine Hilfe. Das Problem ist wohl mein Vorleben in einer mehr als lieblosen Familie. Und erzwingen kann man nichts.«

Wenn Nina mit ihrem jetzigen Wissen um das Leben als Mutter zurückgehen und sich nochmals für oder gegen Kinder entscheiden könnte, würde sie keine Kinder mehr bekommen wollen.

Sabine, 50 Jahre, Bayern

Sabine ist verheiratet in zweiter Ehe. Ihre Tochter ist 27 Jahre alt, ihr Sohn ist 24. Beide Kinder leben in Rheinland-Pfalz. Vom Vater der Kinder ist Sabine seit zehn Jahren geschieden. Inzwischen bezieht Sabine Erwerbsminderungsrente, weil sie an einer Erschöpfungsdepression leidet.

Sabine trennte sich 2002 vom Vater der Kinder. Die damals elf und 14 Jahre alten Kinder lebten zunächst bei ihr und wechselten dann nach kurzer Zeit auf eigenen Wunsch zum Vater. Dass sie ihre Mutterschaft bereut, hat sie mehreren Menschen anvertraut, die Reaktionen fielen jedoch negativ aus: »Ich habe mit meinen Geschwistern, meiner Freundin und meinem Ehemann, mit dem ich seit Oktober 2012 verheiratet bin, gesprochen. Erschreckende Reaktionen, da viele mich und meine Kinder erlebt haben vor der Trennung von meinem Ex 2002. Ich war Mutter mit Haut und Haar. Viele sagen, ich wäre eine Henne und dass ich zu 100 Prozent Mutter bin.« Doch Sabine hatte bereits seit 1990 gesundheitliche Beschwerden und musste sich neben Haushalt, Kindern und Putzstellen auch um ihre an MS erkrankte Mutter kümmern. Diese Doppelbelastung bzw. Mehrfachbelastung machte ihr sehr zu schaffen.

Sabine hatte oft das Gefühl, dass ihr die Kinder zu viel werden und ihr den letzten Nerv rauben. Sie konnte sich selbst jedoch in keinem anderen Beruf als »Hausfrau und Mutter« sehen und entwickelte daher ein schlechtes Gewissen. Dieses schlechte Gewissen verfolgt sie bis heute, obwohl die Kinder längst erwachsen sind. Sie fühlt sich insbesondere deshalb schlecht, weil sie nach der Trennung bis zum Ende der Schulzeit der Kinder nicht für diese da war. Sie hatte in der Zeit, in der die Kinder beim Vater gelebt haben, keinen Kontakt zu ihnen und konnte ihnen daher bei Fragen oder auch an schwierigen Tagen nicht zur Seite stehen. Dies bedrückt Sabine noch heute.

Neben dem schlechten Gewissen hat Sabine auch ein Gefühl des Versagens. Sie selbst und auch andere hätten von ihr erwartet, sich nicht vom Vater der Kinder zu trennen oder immerhin spätestens dann zu ihm zurückzukehren, als die Kinder bei ihm leben wollten. Dahinter steckt der Anspruch, sie hätte für die Kinder bei ihrem Mann bleiben sollen. Von ihren Eltern fühlt sich Sabine verraten, da auch diese ihre Entscheidung nicht verstehen oder akzeptieren konnten, ihr »in den Rücken gefallen sind« und nach der Trennung zu ihrem Exmann gehalten haben, statt ihre eigene Tochter zu unterstützen.

Ihre Kinder beschreibt Sabine als ganz normale Kinder, die keine Schwierigkeiten gemacht hätten. »Anstrengend … nein, sie waren ganz normale Kinder. Die Situation war für mich nur deshalb schwierig, weil ich da noch nicht wusste, dass ich da schon Depressionen hatte.« Ihre Ansprüche an sich selbst und die Ansprüche der anderen an sie waren sehr hoch. Für ihren eigenen Haushalt fand sie oft nur nachts Zeit, da sie tagsüber arbeitete, sich um ihre Kinder kümmerte und ihre kranke Mutter im Haushalt unterstützte. Erst 2008 – also Jahre nach der Trennung –, als ihre Kinder längst nicht mehr bei ihr lebten, wurde die Erschöpfungsdepression endlich diagnostiziert.

Seit 2008 hat Sabine wieder Kontakt zu ihrer Tochter und seit 2014 zu ihrem Sohn. Sie hat zuvor sehr viele Versuche unternommen, die Beziehung wieder aufzubauen, und ist sehr froh, dass sie nun zu beiden Kindern wieder Kontakt hat. Andererseits erinnert sie der Kontakt auch an ihr schlechtes Gewissen und ihre Schuldgefühle. Die Schuldgefühle sind es, die sie am meisten belasten. Dies zeigt sich auch noch mal in der Antwort auf die Frage, womit sie sich bezüglich ihrer Mutterschaft am unwohlsten fühlt: »Dass ich versagt habe und nicht wie er [ihr Exmann, der Vater der Kinder] sagte … alle, die weggehen, kommen auch wieder … zurück zu ihm bin, auch dann nicht, als er beide Kinder auf seine Seite lenken konnte.«

Wenn Sabine vor ihrer ersten Schwangerschaft bereits gewusst hätte, mit wie vielen Anstrengungen die Kinder einhergehen und dass sie von den Belastungen chronisch erkranken würde, hätte sie sich nie dafür entschieden, Kinder zu bekommen.

Anja, 47 Jahre, Bayern

Anja ist alleinerziehend und lebt mit ihren elf und 14 Jahre alten Kindern getrennt vom Vater der Kinder. Sie ist Sozialversicherungsfachangestellte.

Dass sie ihre Mutterschaft bereut, wurde Anja nach und nach klar. »Seit die Kinder in der Pubertät sind, ist es mir richtig bewusst geworden.« Sie hat mit einigen Freundinnen darüber gesprochen. Verstehen können dies allerdings nur diejenigen Freundinnen, die selber Kinder haben. Am meisten belastet sie: »24 Stunden funktionieren und da sein, meine Bedürfnisse und Gefühle spielen keine Rolle mehr. Mein eigenes Leben liegt komplett auf Eis.« Besonders unwohl fühlt Anja sich mit allen Belangen, die die Schule betreffen. Sie empfindet der Schule gegenüber Hass.

Was würde ein Leben ohne Kinder für Anja bedeuten? »Mehr Geld, mehr Schlaf, weniger Ärger und meine Freiheit.« Anja beschreibt ihre Kinder als überdurchschnittlich anstrengend im Vergleich zu anderen Kindern. Sie führt dies insbesondere auf den »Rosenkrieg« mit dem Vater der Kinder zurück. »Meine Kinder haben den Rosenkrieg mit meinem Ex live miterlebt, inzwischen hatte ich 14 Verhandlungen vor Gericht mit ihm, viele davon mit den Kindern (Sorgerecht). Die Kinder sind auf ihre Art und Weise von der Situation gestresst und meinen Sohn würde ich fast als traumatisiert bezeichnen. Zusätzlich sind beide in der Pubertät. Außerdem hat mein Sohn keinen Bock auf Schule und mein halbes Leben besteht daraus, mit ihm Hausaufgaben zu machen und zu lernen, damit er nicht durchfällt. Er ist schlau, aber sieht keinen Bedarf.«

Das Verhältnis zu ihren Kindern bezeichnet Anja dennoch als gut. Dabei erhält sie kaum Unterstützung. Der Vater hat eine Art Oppositionsposition zu ihr eingenommen, »er arbeitet grundsätzlich gegen mich. Meine Mutter unterstützt mich ab und zu, bevor ich komplett zusammenbreche, sonst niemand.«

Damit sich ihre persönliche Situation verbessert, bräuchte Anja aus ihrer Sicht einen Partner, der sich gut mit ihren Kindern versteht und der sie entlastet und unterstützt. Anja hat sich das Leben mit Kindern definitiv anders vorgestellt. Sie hätte insbesondere nicht damit gerechnet, dass sie mit älteren Kindern, die bereits zur Schule gehen, noch so viel Mühe und Aufwand haben würde.

Wenn sie sich noch mal für oder gegen Kinder entscheiden könnte, würde sie sich dagegen entscheiden. Anja schränkt diese Äußerung jedoch insofern ein, als dass sie eine ungewollte Schwangerschaft wohl nicht abtreiben würde. Sie würde jedoch definitiv nur ein Kind haben wollen.

Alexandra, 31 Jahre, Brandenburg

Alexandra ist Friseurin und hat einen elf Jahre alten Sohn. Sie ist alleinerziehend.

Sie hat bislang ausschließlich mit ihrem derzeitigen Partner darüber gesprochen, dass sie bereut, ein Kind bekommen zu haben. Dieser bringt Alexandra teilweise Verständnis entgegen. Sie weiß seit ein paar Jahren, dass sie ihre Mutterschaft bereut. Das Verhalten ihres Sohnes sei einfach immer unangenehmer und schlimmer geworden, ihr gegenüber, aber auch anderen Mitmenschen gegenüber. Alexandra hat das Borderlinesyndrom und fühlt sich besonders belastet, »wenn meine Krankheit überhandnimmt, wenn er durchdreht und alles anders läuft, als man eigentlich möchte«. Demgemäß ist das Verhältnis zu ihrem Sohn auch stark angespannt.

Am meisten belastet sie, »die Verantwortung dafür zu haben, aus einem Kind einen vernünftigen, gesellschaftsfähigen jungen Mann zu machen«. Sie fühlt sich dieser Aufgabe nicht gewachsen. Daher sehnt sie sich nach der Befreiung von dieser Belastung. Ein Leben ohne Kind würde für sie vor allem bedeuten, keine Verantwortung für einen anderen Menschen haben zu müssen.

Alexandra erhält keinerlei Unterstützung vom Vater ihres Sohnes oder aus ihrem Umfeld. Das Einzige, was ihre persönliche Situation verbessern könnte, ist aus ihrer Sicht das Wegfallen des gesellschaftlichen Drucks und der starren Normen, in die Kinder und Eltern passen müssen. Alexandra schildert ihre Mutterschaft als schwieriger als bei anderen Müttern. Dies führt sie vor allem auf ihre Borderline-Erkrankung zurück und auch darauf, dass sie keine Familie im Hintergrund hat, die sie unterstützen könnte.

Wenn Alexandra mit ihren heutigen Erkenntnissen die Zeit zurückdrehen könnte, würde sie kein Kind bekommen wollen.

Barbara, 48 Jahre, Bayern

Barbara ist als Coach und Mediatorin tätig. Sie lebt mit dem Vater ihrer drei Kinder zusammen, die 13, 16 und 19 Jahre alt sind.

Außer mit Journalistinnen hat Barbara über ihr Reueempfinden ausschließlich mit einer einzigen Freundin gesprochen, da sie befürchtet, in ihrem Umfeld auf großes Unverständnis zu stoßen. »Die Menschen kennen mich bisher anders. Außerdem ist es ein Tabu zu sagen, dass man es bereut, Mutter zu sein, in einem Umfeld, das Kinder immer als das Lebensglück schlechthin bezeichnet, das Familie als das Wichtigste und Erstrebenswerteste im Leben einer Frau ansieht. Kinder, so denke ich, haben inzwischen eine ganz besondere Stellung. Alles wird heute für die Kinder getan. Nicht dass ich Kinder nicht schätze oder ich sie nicht wertvoll finde [...]. Ich finde aber dennoch, dass Elternschaft inzwischen schon fast ideologisiert wird. Kinder sind für Eltern teilweise auch zu etwas geworden, sich selbst zu verwirklichen, und das finde ich weder für die Eltern noch für die Kinder gut. In meinen Augen werden damit die Kinder völlig überfordert.«

Überfordert fühlt auch sie sich, vom »Anspruch des ständigen Fürsorgens und Versorgens, gepaart natürlich mit den Erwartungen, die man an Frauen allgemein hat. Lieb, nett, zurückhaltend und [...] auch außerhalb der Familie ständig um das Wohl der Menschen bemüht zu sein. Sich bloß nicht in den Vordergrund drängen, mal etwas von sich zu zeigen und auch erfolgreich in anderen Bereichen sein zu dürfen.«

Dass sie es bereut, Mutter geworden zu sein, hat Barbara nicht zu einem ganz bestimmten Zeitpunkt festgestellt. Vielmehr sei diese Erkenntnis in einem Prozess der letzten Jahre entstanden. »Ich habe einfach festgestellt, dass mir häufig andere Sachen viel Freude bereiten, die aber nichts mit Familie zu tun haben. Ich habe festgestellt, wie viel von dem, was ich mal gelernt habe, wofür ich mich auch angestrengt habe und es gerne getan habe, einfach weg ist. Ich habe gemerkt, wie wenig Bedeutung man in der Gesellschaft hat, weil man durch das Mutter- und Hausfrauendasein eigentlich nicht mehr wirklich mitreden kann. Ich habe festgestellt, wie abhängig ich bin, insbesondere auch finanziell. Letztlich auch, wie schwierig es ist, beruflich wieder Fuß zu fassen und auch ernst genommen zu werden. [...] Natürlich ist es nicht unmöglich, aber es kostet doch eine Menge Kraft.«

Barbara beschreibt auch die Ansichten ihrer Umgebung zum Thema Kinderbetreuung als sehr ablehnend und anachronistisch. Sie wohnt in einer recht ländlichen Region, wo es zum einen gar keine Krippe gab, als ihre Kinder klein waren. Darüber hinaus sei die Betreuung von Kindern in den ersten drei bis vier Lebensjahren dort aber auch nach wie vor sehr verpönt. Es herrsche in weiten Teilen noch die Einstellung, dass ein Kind zu seiner Mutter gehören würde – rund um die Uhr. »Wenn überhaupt, dann werden noch Großeltern als Betreuung akzeptiert. Diese Einstellung wird auch von vielen sich sozial engagier[enden] Organisationen mitgetragen, die natürlich den Rückgang an Ehrenamtlichen hauptsächlich mit der verstärkten Berufstätigkeit von Müttern begründen. Ich würde behaupten, es ist fast wie ein Sog, in den man so hineingezogen wird, ohne sich wirklich dagegen wehren zu können.«

Barbara empfindet in gewisser Weise Schuldgefühle wegen ihrer Einstellung zu ihrer Mutterschaft, »weil es zunächst fast wie ein Schock ist, wenn du dir das erste Mal bewusst eingestehst, dass du dir auch ein Leben ohne Kinder vorstellen könntest. Wenn du dir eingestehen musst, dass dein Entschluss vielleicht aus einer anderen Quelle gespeist war als denen, die du vermutet hast, wenn du feststellst, dass du dich vielleicht sogar selbst belogen hast mit der Behauptung, eine glückliche Mutter und Ehefrau zu sein. Wenn du spürst, dass dir die ganze Fürsorgearbeit in diesem Ausmaß eigentlich viel zu viel ist, dich erschöpft und dir auch eine Bestätigung in anderen Bereichen fehlt. Ja, ich denke, dies zu bekennen ist richtig schwierig. Das Bild, welches man von sich gemacht hat, bricht hier einfach zusammen. Es ist nicht so, dass ich nicht auch schöne Momente mit meinen Kindern gehabt habe und sie als Kinder nicht liebe, doch es ist tatsächlich so, dass sie nicht alles in meinem Leben sind.«

Zum anderen jedoch schildert Barbara auch Wut auf die Gesellschaft. Sie sieht die Schuld für falsche Entscheidungen und für ihr »Scheitern« an den Erwartungen der Gesellschaft nicht ausschließlich bei sich. Sie reflektiert auch den Anteil, den das gesellschaftliche Frauenbild an ihrer Misere hat. »[Es

mutet] für mich inzwischen fast als eine Anmaßung an [...],
welchem Bild wir als Frauen zu entsprechen haben. [...] In
diesem Fall empfinde ich die Gesellschaft als zutiefst egoistisch, dass sie diese Erwartungen an uns als Frauen stellt.«

Auch darüber, dass Probleme der Kinder zuallererst der
Mutter angelastet werden, ärgert sie sich. »Mein erstes Kind
war sehr anstrengend. Es war ein sogenanntes Schreikind. Viel
Verständnis für das Verhalten habe ich nicht bekommen. Ich
habe es eher so wahrgenommen, dass ich wohl [...] verantwortlich sei. [...] Mir persönlich war es in dieser Zeit nicht
mehr möglich, wirkliche Liebe für mein Kind zu empfinden.
Was den Stress noch erhöhte, waren die Erwartungen, als Mutter glücklich zu sein zu müssen. Nach ca. neun Monaten war
ich völlig erschöpft, und das, obwohl ich eigentlich keine Doppelbelastung durch Berufstätigkeit hatte. Ich hatte Schmerzen
am ganzen Körper und die Ärzte konnten nichts feststellen.
Ich begab mich in psychiatrische Behandlung und begann eine
Therapie. Für mich persönlich war das erste Kind eine große
Frustration. Ich hatte immer das Gefühl, versagt zu haben.«

Wenn Barbara keine Kinder bekommen hätte, hätte sie aus
ihrer Sicht sicherlich eine gute eigene Existenzsicherung und
wäre in anderen Bereichen erfolgreicher. »Genau lässt sich das
aber nicht beantworten, denn ich weiß nicht, wie mein Leben
ohne Kinder verlaufen wäre. Ich denke, es wäre nur dann gut,
wenn ich in einem Umfeld aufgewachsen wäre, [in dem] eine
Frau auch einen Stellenwert hat, wenn sie kinderlos ist. Ja, ich
glaube, das Umfeld wäre entscheidend dafür, wie mein Leben
ohne Kinder wirklich wäre.«

Das Verhältnis zu ihren Kindern beschreibt sie als normal und vertrauensvoll. Doch sie geht davon aus, dass ihre
Kinder ihre Unzufriedenheit spüren und dass sie diese auch
belastet. Der Vater der Kinder hat in Haushalt und Kinder-

erziehung mitgewirkt, die hauptsächliche Zuständigkeit und Verantwortlichkeiten lagen jedoch trotzdem bei Barbara. »Meist kümmert sich ein Vater um die Hausarbeiten und die Kinder nur, wenn er direkt mit der Aufgabe betraut ist und dafür auch die entsprechenden Anweisungen erhalten hat. Ist er außer Haus, z. B. in der Arbeit, dann konzentriert er sich auf seine Arbeit, ohne noch ein schlechtes Gewissen dabei zu haben, ob denn zu Hause ohne ihn auch alles in Ordnung geht und an was er noch denken muss im Bereich Haushalt und bei den Kindern. Bei Müttern ist das meist anders. Wenn Mütter in der Arbeit sind, dann haben sie im Hinterkopf meist auch die Kinder und den Haushalt. Das […] führt zwangsläufig zu Stress. Würde etwas in Haushalt oder Kindererziehung nicht gut laufen oder vergessen werden, dann wird ihnen das angelastet. Das ist bei Vätern nicht so. Und ich denke, das wird sich auch so lange nicht ändern, bis es ganz normal ist, dass Kindererziehung und Haushalt und deren Organisation nicht als Hauptaufgabe der Mutter gesehen wird, sondern es legitim ist, auch als Mutter dies an andere zu delegieren, damit man in dieser Zeit sich einer anderen Tätigkeit zuwenden kann.«

Auch diejenigen, die Mütter sonst noch unterstützen – wie beispielsweise Erzieherinnen im Kindergarten –, beschreibt Barbara nicht als reine Unterstützung. Sie hat erlebt, dass eben auch die Betreuerinnen aus den Kitas Druck auf Eltern ausüben, die Kinder erst später in die Betreuung zu geben und selbst gar nicht dafür sind, dass junge Kinder von ihnen betreut werden. Dass hier auf der einen Seite ein Angebot zur Unterstützung gemacht wird, auf der anderen Seite aber subtil versucht wird, den Müttern ein schlechtes Gewissen zu machen, empört Barbara sehr. »Am meisten werden auch von den Erzieherinnen die Mütter verurteilt, die tatsächlich ihre Kinder erst am Ende der Öffnungszeiten abholen.«

Zur Verbesserung der Situation von Müttern im Allgemeinen, aber auch für ihre persönliche Situation hat Barbara mehrere Wünsche und Forderungen:

Sie wünscht sich ein anderes Frauen- und Mutterbild. »Ein Frauenbild, das uns auch zugesteht, eigenständig, selbstverantwortlich und selbstbewusst zu sein, das uns Mut macht, auch unseren eigenen Weg zu gehen und etwas aus uns zu machen. Ein Frauenbild, das uns nicht nur als lieb, nett, hübsch und fürsorglich darstellt. Ich wünschte mir, dass es als selbstverständlich gesehen wird, dass auch eine Mutter einer anderen Tätigkeit als der Versorgung von Mann, Kind und Haus nachgeht und dafür die notwendige Unterstützung erhält. [...] Ich wünschte mir, dass die Verantwortung, dass unsere Kinder zu starken und selbstverantwortlichen Erwachsenen heranwachsen, nicht in erster Linie bei der Mutter liegt.«

Berufstätigen Müttern sollte kein schlechtes Gewissen mehr eingeredet werden, da ihnen dies auch gesundheitlich schaden würde. »Wenn Mütter, die einer Berufstätigkeit nachgehen, ein Burn-out bekommen, dann wird meist die zusätzliche Berufstätigkeit dafür verantwortlich gemacht. Ich persönlich sehe das anders. In meinen Augen ist es nicht die Berufstätigkeit, sondern das ständige schlechte Gewissen, das Mütter erschöpft. Würden sie mit gutem Gewissen einer Berufstätigkeit nachgehen können, würden sie spüren, dass man sie dabei gerne unterstützt und es ihnen zugesteht, dann wären sie wahrscheinlich auch weniger erschöpft.«

Barbara wünscht sich außerdem, dass Kinder nicht unter ständiger Überwachung stehen müssten, sondern eine Gesellschaft, in der sich Kinder auch unbeobachtet sicher bewegen können.

Wenn Barbara die Zeit zurückdrehen könnte, würde sie mit ihren jetzigen Erkenntnissen keine Kinder mehr bekommen. »Natürlich bin ich nicht mit der Pistole im Rücken dazu gezwungen worden, eine Familie zu gründen und Mutter zu sein. Ich bin aber in einem Umfeld aufgewachsen, [das] es in meinen Augen sehr unterstützt hat, dass es für eine Frau wohl absolut erstrebenswert ist, Mutter zu werden, auch wenn ich auf der anderen Seite erlebt habe, dass die Mütter sich eigentlich nur aufgeopfert haben. Ich dachte wohl, das müsste so sein, damit man Anerkennung bekommt.«

Dass sie sogar drei Kinder bekommen hat, erklärt Barbara wie folgt: Gerade weil man ihr bei ihrem ersten Kind eingeredet hätte, dass sie persönlich als Mutter versagt hätte, habe sie beweisen wollen, dass sie eben doch eine gute Mutter sein kann. »Heute sehe ich das anders. Ich würde heute kein Kind mehr bekommen, damit ich mir [mein] Selbstwertgefühl mit dem Muttersein stärken kann.«

Barbara macht sich intensive Gedanken über Muttermythos und Frauenbilder; schon als Kind hat sie rebelliert gegen die Rollenbilder, die ihr als Mädchen aufgezwungen wurden, sich aber irgendwann angepasst, »um eben in letzter Zeit festzustellen, dass ich mich dafür ziemlich aufgegeben habe. Ich habe es schon sehr früh als ungerecht empfunden, wie die Welt für Männer und Frauen ist. Schon damals empfand ich die Aufteilung der Hausarbeit zwischen Frau und Mann als zutiefst ungerecht. Eine wirklich überzeugende Antwort darauf, warum das so ist, habe ich nicht bekommen.«

Auch ihre eigene Mutter hat Barbara nicht wirklich glücklich erlebt. »Ich denke auch, sie hat viel getan, um zu gefallen. In meinen Augen ist sie daran zerbrochen. Ich glaube, dass es bei vielen Frauen auch früher schon so war. Zusätzlich haben auch viele unter den Ansprüchen, wie Frauen zu sein haben, gelitten. Leider wird dies viel zu wenig erwähnt, wenn man wieder mal von der ›guten alten Zeit‹

schwärmt, als die Kinder noch bei den Müttern waren und die Frauen angeblich darin aufgegangen sind, Mutter und Hausfrau zu sein. In meinen Augen ist das eine große Lüge. Viele Frauen wurden mit Medikamenten ruhiggestellt oder für krank erklärt, wenn sie depressiv waren. Viele Frauen haben auch mit Alkohol versucht, das Leben einigermaßen angenehm zu finden. Tatsächlich ist es so, dass ich vor allem bei Frauen aus der älteren Generation, die sich im Augenblick über die Mütter, die arbeiten gehen, so beschweren, oft zwischen den Zeilen heraus[höre], dass sie auf viel verzichtet haben und sich vor allem deswegen wohl damit schwertun, dass die jungen Frauen vielleicht mehr vom Leben haben als sie selbst.«

Barbara beobachtet mit Sorge die aktuelle Entwicklung des Frauen- und Mutterbildes; sie erkennt einen Rollback. »Vor allem bei jungen Frauen kann ich nicht verstehen, wie sie so ein konservatives Frauenbild befürworten können. Ich denke, sie haben vielleicht Mütter erlebt, die unter einer Doppelbelastung Beruf und Mutter gelitten haben, weil sie es eben nicht geschafft haben, auch im privaten Bereich einen gewissen Anteil an Haus- und Fürsorgearbeit mit gutem Gewissen abzugeben. Und wenn man sich für alles zu 100 Prozent verantwortlich fühlt, dann führt das zur Erschöpfung.

Auch ich habe zwei Töchter. Ich wünsche ihnen nicht, dass sie in die gleiche Falle geraten. Ich wünsche, dass sie ihre gute Schul- und Ausbildung nicht umsonst machen, sondern tatsächlich auch etwas daraus machen können, auch wenn sie mal Kinder haben möchten. Ich werde ihnen aber auch in jedem Fall die Freiheit lassen, sich für oder gegen eigene Kinder zu entscheiden.«

Cathrin, 31 Jahre, Rheinland-Pfalz

Cathrin ist Mediengestalterin und lebt mit ihrem Mann und ihrem sechs Monate alten Sohn zusammen.

Darüber, wie unzufrieden Cathrin mit ihrem Leben als Mutter ist, hat sie mit Gleichgesinnten und Fachleuten gesprochen. Auch sie hatte Angst, als schlechte Mutter abgestempelt zu werden. Sie hatte jedoch Glück: »Die Reaktionen waren größtenteils sehr lieb, aufbauend, mitfühlend. Nur eine hat mir mal geschrieben in einem Forum, es wäre besser gewesen, ich hätte nie ein Kind bekommen, und solle bloß keines mehr bekommen. Ich finde keine Worte für diese Aussage. Sie hat mich tief getroffen.«

Dass die Mutterrolle sie unglücklich macht, ist Cathrin nach und nach bewusst geworden. Sie beschreibt jedoch auch eine Schlüsselsituation. Ihr Sohn ist ein Schreibaby, und ausgerechnet als ihr Mann den ersten Tag wieder arbeiten ging, hatte ihr Sohn einen Wachstumsschub und sie war völlig überfordert mit seinem Geschrei. »Irgendwann hat mich die Hilflosigkeit so übermannt, dass ich den Kleinen in seine Wippe gelegt habe und mich ins Büro verzogen habe. Ich hab geheult wie ein Schlosshund. Unser Büro hat keine Tür. Ich hab ihn schreien gehört und je mehr er geweint hat, umso mehr hab ich geweint. Irgendwann dachte ich: Das geht so nicht. Hab eine Freundin angerufen, die mit ihm spazieren gegangen ist. Ich hab mich ins Bett gelegt und erst mal geschlafen.«

Cathrin hat Schuldgefühle wegen ihrer Empfindungen, denkt, sie sei eine schlechte Mutter. »Ich hab mir das so schön vorgestellt ... ein brabbelndes Baby auf der Decke, Momente des großen Glücks.« Es fällt ihr schon schwer zuzugeben, dass ihr Sohn ein Schreikind ist, weil sie das Gefühl hat, damit zuzugeben, dass sie eine Versagerin ist. Besonders belastend ist für sie, wenn ihr Sohn schreit und sie ihm nicht helfen kann. »Wenn ich alles versucht habe und er schreit weiter. Ich habe ihn dann auf dem Arm und höre ihm beim Schreien zu. Versuche trotzdem, für ihn da zu sein, rede tröstend auf ihn ein. Diese Momente sind der Horror.«

Sie hat ihrem Sohn gegenüber oft ein schlechtes Gewissen oder ist genervt von ihm. Sie versucht, ihn dies zwar nicht spüren zu lassen, das klappt aber nicht immer. »Manchmal merkt er die Anspannung und fühlt sich nicht wohl bei mir. Dann gehe ich auf Abstand, bis ich ruhiger bin. Fahre ihn z. B. im Kinderwagen spazieren oder beschäftige ihn im Laufstall.«

Cathrin bekommt sehr wenig Unterstützung von ihrem Umfeld. »Niemand kommt von selbst. Wie oft ich schon gehört habe: ›Wenn du Hilfe brauchst, du weißt wo ich bin ...‹ Warum kommst du nicht einfach selber, wenn du siehst, ich kann nicht mehr? Das eine Mal habe ich eine Freundin gefragt und durfte mir gleich anhören, das ginge so aber nicht immer. Alles klar, ich weiß, wen ich nicht mehr frage. [...] Ich habe von einigen Leuten gehört, was sie mir nicht alles helfen würden und wie viel Hilfe man bekäme. Pustekuchen. Ich bin ganz allein. Mein komplettes Umfeld hat sich zurückgezogen. Ich bin oft einsam. Warum lässt man frischgebackene Eltern allein? Sollte man nicht erst recht da sein und ihnen helfen?« Auch ihr Mann hilft ihr zu wenig. Cathrin ist deshalb sehr wütend auf ihn und ihre Ehe kriselt.

Damit sich ihre persönliche Situation verbessert, bräuchte Cathrin aus ihrer Sicht deutlich mehr Unterstützung von ihrem Mann, der Familie und Freunden. Sie wünscht sich Menschen, die ihr ihren Sohn mal stundenweise abnehmen, damit sie schlafen, essen oder entspannen kann. »Wenn eine Freundin von mir schwanger wird, weiß ich, wer in den ersten

Wochen oft dort ist, wenn erwünscht. Damit die Freundin mal schlafen, essen, entspannen kann.«

Cathrin fühlt sich im Vergleich zu anderen Müttern oft unzulänglich. »Wenn ich mich mit normalen Müttern vergleiche, frage ich mich immer, was ich falsch mache. Die erzählen stolz, was ihr Baby schon kann und wie süß es doch ist. Das mache ich auch, ab und zu. Wenn mal ein Tag gut verläuft. Ich sehe vieles sehr negativ.« Durch das exzessive Schreien ihres Sohnes, die Gewissensbisse und die Ohnmachtsgefühle hat sie bereits eine Depression entwickelt, deretwegen sie nun in Behandlung ist.

Cathrin hängt noch an dem verklärten Bild eines immerzu fröhlichen Babys, das seine Mutter glücklich macht. Daher könnte sie sich auch vorstellen, noch ein weiteres Kind zu bekommen. Zumindest möchte sie diese Vorstellung noch nicht gänzlich aufgeben. Aktuell möchte sie jedoch kein zweites Kind.

Laura, 30 Jahre, Niedersachsen

Laura ist Studentin und lebt mit ihrem vier Jahre alten Sohn und dessen Vater zusammen.

Laura hat bereits mit mehreren Personen aus ihrem Umfeld darüber gesprochen, dass sie es bereut, Mutter geworden zu sein. Sie hat sich Freunden, ihrer Mutter und ihrem Bruder anvertraut. »Die Reaktionen waren gemischt. Einige der Freunde verstehen meine Haltung, sobald ich erklärte, dass das nichts mit den Gefühlen zu meinem Sohn zu tun hat. Deutlich wurde, dass es immer vom Intellekt, der Toleranz und der Lebenserfahrung des Gesprächspartners abhing, ob Verständnis entsteht oder eben nicht. Aufseiten meiner Familie war die Reaktion ebenfalls verständnisvoll.«

Dass sie ihre Mutterschaft bereut und mit der Mutterrolle sehr unzufrieden ist, ist Laura erst nach und nach bewusst geworden. »In meinem Fall hängt die Erkenntnis vor allem mit meinem kreativen Berufsfeld zusammen. Kreative Leistungsprozesse sind mit der Aufgabe einer Mutter für mich nur sehr schwer zu vereinbaren, da sie zeitlich nicht genau abrufbar sind und es in meiner Mutterrolle aber einen geregelten Tagesablauf gibt.« Ihren Sohn sieht Laura nicht als anstrengender an als andere Kinder. Der Umgang mit ihm wäre zwar ein wenig schwieriger, da er hochsensibel ist, doch das würde durch Verständnis und Gewohnheit nicht weiter belastend sein.

Laura empfindet keine Schuldgefühle, da sie ihren Sohn liebt und ihre Unzufriedenheit klar in der Problematik, Kind und berufliche Angelegenheiten zu vereinbaren, begründet sieht. Sie fühlt sich in ihren kreativen Prozessen eingeschränkt und dadurch auch als Mutter überfordert. Zudem hat Laura das Gefühl, ihre »Freiheit verloren zu haben«.

Besonders unwohl fühlt sich Laura in ihrer Mutterrolle, wenn die Situation erfordert, dass sie ihrem Kind den Vorrang vor ihrem Job geben muss. Wenn sie kein Kind bekommen hätte, hätte Laura ihr Studium früher beenden können und wäre deutlich unabhängiger. »Andererseits habe ich durch mein Kind ein hohes Maß an Ehrgeiz und Disziplin entwickelt – das wäre mir ohne Kind so nicht gelungen.«

Das Verhältnis zu ihrem Sohn beschreibt Laura als sehr gut und sehr emotional. Mutter und Sohn haben eine besondere Bindung zueinander. Als große Hilfe sieht Laura auch die Unterstützung an, die sie vom Vater, ihrer Mutter und durch die Betreuung ihres Sohnes in der Kita bekommt, da sie ansonsten noch deutlich eingeschränkter wäre.

Ihre persönliche Situation ließe sich durch verschiedene Maßnahmen vereinfachen: »Es müsste mehr Elternzeiten geben, die besser bezahlt sind. Väter und Mütter sollten nicht mehr in Schichtdiensten arbeiten dürfen, um einen geregelteren Ablauf gewährleisten zu können. Gesellschaftlich und besonders im dörflichen Umfeld sollte unbedingt eine höhere Akzeptanz für Mütter entstehen, die sich beruflich verwirklichen wollen. Die Ansprüche an Mütter in kreativen Jobs sollten sich verändern. Keine Mutter in der Kreativbranche kann das leisten, was Kollegen leisten, die den Kopf freier haben.«

Könnte Laura die Zeit zurückdrehen und wüsste bereits vor ihrer Schwangerschaft, wie anstrengend und belastend die Mutterrolle ist und welche Einschränkungen diese mit sich bringt, würde sie kein Kind bekommen wollen.

Katinka, 58 Jahre, Hessen

Katinka ist Betriebswirtin und hat drei Kinder, die 16, 31 und 34 Jahre alt sind. Sie lebt mit dem Vater ihres 16-jährigen Sohnes zusammen; zudem hat sie bereits zwei Enkelkinder im Alter von zwei und sechs Jahren.

Katinka hat mit mehreren Freundinnen bereits über ihre negativen Gefühle der Mutterrolle gegenüber gesprochen. Vielen ihrer Freundinnen geht es ähnlich. Dies liegt laut Katinka daran, dass sie alle über lange Zeit alleinerziehend und dadurch besonders belastet waren.

Dass die Mutterrolle sie höchst unzufrieden macht und nicht ausfüllt, hat Katinka wie die meisten befragten Mütter erst nach und nach festgestellt: »Die ständige Überforderung zermürbt einen im Laufe der Jahre.« Obwohl Katinka einerseits angibt, kaum Schuldgefühle zu haben, beschreibt sie an anderer Stelle, dass sie an der Mutterrolle eben das permanent schlechte Gewissen am meisten belastet, »[d]ass man immer zu funktionieren hat, ein fast immer schlechtes Gewissen, den Anforderungen, die man an sich selbst stellt und gestellt bekommt, nicht zu genügen«.

Wenn sie ohne Kinder leben würde, hätte Katinka laut ihren eigenen Aussagen vermutlich einen Job, der ihr Spaß machen würde, eine entsprechende Altersversorgung und deutlich mehr Zeit für sich, die mit Kindern völlig auf der Strecke bleibt – »[a]lles Dinge, die sich sehr egoistisch anhören«. Das Verhältnis zu ihren Kindern ist stark schwankend. Insbesondere zu den beiden älteren Kindern, die inzwischen erwachsen sind, ist das Verhältnis etwas schwieriger, da diese hohe Ansprüche an sie stellen, wie sie zu funktionieren hätte. Das Verhältnis zu ihrem 16-jährigen Sohn ist deutlich entspannter.

Die Unterstützung durch ihren Partner war bei den ersten beiden Kindern extrem gering. Sie beschreibt den Anteil der Erziehungsarbeit, die der Vater der älteren Kinder übernommen hat, als weniger als 5 Prozent: »[ich] habe mich auch zu Ehezeiten als Alleinerziehende mit Behinderung durch einen Mann gefühlt.« Vom Vater des dritten Kindes wird sie deutlich mehr unterstützt.

Ihr persönlich hätte es sehr geholfen, für ihre älteren Kinder eine Betreuung zu haben, da sie ein Studium begann, als die beiden sechs und neun Jahre alt waren, und ohne Betreuung beides kaum meistern konnte. »[Ich] hatte keine wirkliche Betreuung, ich [hatte] andauernd ein schlechtes Gewissen, brauchte aber eine Ausbildung. Arbeiten zu müssen und Kinder großzuziehen, daneben Eltern zu betreuen, das ist auf Dauer krank machend. Inzwischen ist die Kinderbetreuung deutlich besser geworden, leider habe ich davon nicht profitieren können.«

Ihre Kinder empfand Katinka nicht als anstrengender als andere Kinder. Ihre Lebenssituation brachte jedoch einige zusätzliche Belastungen mit sich. Ihr Vater war pflegebedürftig, ab dem Vordiplom betreute sie ihn mit, der Vater ihrer ersten beiden Kinder war Alkoholiker. Dadurch war sie in vielerlei Hinsicht mehrfach belastet und bekam weniger Unterstützung, als dies bei anderen der Fall ist. »Kaum sind die Großen aus dem Gröbsten raus, Umzug in andere Stadt, neuer Lebenspartner, drittes Kind. Wieder die Hoffnung, dass endlich ein selbstbestimmtes Leben nah ist ... da kommen schon die Enkelkinder auf die Welt. Bin inzwischen berufstätige Großmutter – und habe wieder das schlechte Gewissen, diesmal: den Enkeln zu wenig Zeit widmen zu können.«

Ob Katinka mit ihren jetzigen Erkenntnissen wieder eine Entscheidung für ein Kind treffen würde, kann sie nicht beurteilen.

Martina, 29 Jahre, Hamburg

Martina lebt mit ihren drei Kindern, die vier, sechs und acht Jahre alt sind, und dem Vater der Kinder zusammen. Sie ist Hausfrau.

Mit ihrem Mann hat Martina darüber gesprochen, dass sie es bereut, Mutter geworden zu sein. Doch ihr Mann nimmt diese Empfindungen nicht ernst. Die Erkenntnis, dass sie die Mutterschaft bereut und sich in der Mutterrolle sehr unwohl fühlt, beschreibt Martina als schleichenden Prozess.

Am meisten belastet sie, dass die ganze Arbeit mit den Kindern an ihr hängen bleibt und sie somit keinerlei Zeit mehr für sich hat. Am unwohlsten fühlt sie sich, wenn Ferien sind und sie und die Kinder rund um die Uhr beisammen sind, »man aufeinanderhockt«. Ihre Kinder beschreibt Martina als anstrengender als andere Kinder, da sie sehr anhänglich und stark auf sie fokussiert sind. Selbst der Vater wird nicht wirklich als Bezugsperson akzeptiert. Die Kinder fordern ständig die Anwesenheit der Mutter. »Außerdem haben wir nicht besonders viel Geld, was vor allem Ausflüge oder Urlaube fast unmöglich macht; durch die teils angespannte finanzielle Situation hat man oft weniger Nerv und Kraft für die Kinder.« Wenn sie keine Kinder hätte, hätte Martina mehr Zeit für sich, wäre flexibler und würde sich freier fühlen, so glaubt sie.

Unterstützung bekommt Martina nur durch die institutionelle Kinderbetreuung. Von ihrer Familie erhält sie keinerlei Unterstützung und auch ihr Mann hilft ihr nur sehr wenig: »Die einzige ruhige Zeit ist, wenn [die Kinder] in Schule und Kindergarten sind.« Das ist auch der größte Kritikpunkt, den Martina vorbringt; ihre persönliche Situation und ihre Empfindungen der Mutterschaft gegenüber ließen sich aus ihrer Sicht nur verbessern, wenn sich ihr Mann mehr bei Haushalt und Kinderbetreuung einbringen würde.

Hätte Martina vor ihren Schwangerschaften gewusst, mit welchen Anstrengungen sie zu rechnen hat, hätte sie sich nie dafür entschieden, Kinder zu bekommen.

Natalie, 34 Jahre, Hamburg

Natalie ist Erzieherin und lebt alleinerziehend mit ihren vier und sechs Jahre alten Kindern zusammen.

Natalie hat noch mit keinem anderen Menschen darüber gesprochen, wie unglücklich sie mit der Mutterrolle ist, da sie Angst hat, für eine Versagerin gehalten zu werden. Wie unzufrieden sie wirklich ist, ist ihr erst nach und nach bewusst geworden. Bemerkt hat sie dies insbesondere in letzter Zeit, da ihr die Schwierigkeiten, die das Leben als alleinerziehende und berufstätige Mutter mit sich bringt, bewusst geworden sind, »da es sich verdammt schwer gestaltet, das Leben zu organisieren und spontan zu handeln. Man muss alles genau durchdenken. Ganz besonders im Berufsleben. Man überlegt zweimal, was im Vordergrund steht.«

Schwierig ist für Natalie vor allem die finanzielle Belastung und dass sie mit allen Sorgen stets alleine dasteht. Der jüngere Sohn sieht seinen Vater alle 14 Tage. Der Vater des älteren Kindes hat kein Interesse an Kontakt zu seinem Sohn. Die Trauer ihres Kindes darüber zu erleben belastet Natalie sehr – »die traurigen Augen von meinem großen Kind«. Doch auch die Reaktionen des Umfelds, das geringschätzig darüber denkt, dass sie alleinerziehend ist, verletzen Natalie. »Wenn ich mit den Kindern alleine auf Festen bin und dann von oben bis unten gemustert werde und die Leute sagen: ›Die ist alleine‹, [das] klingt immer abwertend. Ich muss dazu sagen, ich stehe zu dem, was ich getan habe und tue, ich stehe zu 100 Prozent dahinter, aber es tut weh, das zu sehen und zu hören.«

Wenn Natalie keine Kinder hätte, könnte sie sich beruflich in dem Job entfalten, der ihr mehr Spaß machen würde, der jedoch nicht genügend Geld für ein Leben mit Kindern einbringen würde. »Vor allem könnte ich auch mal wieder ohne Zeitdruck leben.«

Ihr Verhältnis zu den Kindern ist sehr liebevoll und fürsorglich, da sie die Kleinen über alles liebt. Dennoch wünscht sie sich manchmal, ohne Kinder sein zu können. Anstrengender als andere Kinder seien sie nicht. Nur ihre Lebenssituation als Alleinerziehende bringt deutlich mehr Belastungen mit sich, als dies bei anderen Müttern der Fall ist, »aber ich glaube, wir haben zu dritt ein Mittelmaß gefunden.«

Unterstützung bekommt Natalie insgesamt sehr wenig. Die Väter der Kinder unterstützen sie fast gar nicht, ihre Familie hilft nur wenig. Die Kinder sind täglich zehn Stunden in der Kita, da Natalie sehr viel arbeiten muss. »Ohne meine Freundin wäre ich richtig aufgeschmissen, sie nimmt ab und zu meine Kinder von der Kita mit, wenn ich es nicht rechtzeitig schaffe. Ich frage mich, wie ich das Ganze machen soll, wenn das große Kind in der Schule ist.«

Natalie würde, wenn sie es noch einmal zu entscheiden hätte, keine zwei Kinder mehr bekommen wollen, sondern lediglich ein Kind, und dieses auch erst später.

Melanie, 27 Jahre, Niedersachsen

Melanie ist Altenpflegerin und lebt mit ihrem Mann und ihrem gemeinsamen sieben Monate alten Sohn zusammen.

Melanie hat mit niemandem darüber gesprochen, dass sie es bereut, Mutter geworden zu sein. Sie hat ohnehin den Eindruck, dass man sie in ihrem Umfeld für eine schlechte Mutter hält. Insbesondere ihre Schwiegermutter gibt ihr durch Kritik und Sticheleien dieses Gefühl. Daher möchte Melanie mit anderen Menschen nicht über ihre Gefühle sprechen. Sie hat Angst, abgelehnt und kritisiert zu werden.

An der Mutterrolle belastet sie am meisten die Unsicherheit und die Unfreiheit. Sie fühlt sich nicht wohl, wenn sie rat- und hilflos ist und beispielsweise nicht weiß, warum ihr Sohn weint, quengelt oder nicht essen will. Diese Verunsicherungen belasten Melanie. Wenn sie ohnehin das Gefühl hat, sie könne ihrem Sohn nichts recht machen, bekommt sie zudem noch »kluge« Ratschläge von anderen, die sie stören und ihr Selbstwertgefühl weiter schwächen. »Nach außen bin ich stark, aber innen geht es mir schlecht.«

Melanie kann und möchte sich außerdem nicht damit abfinden, »dass ich sieben Tage und 24 Stunden Mama bin. Ich muss auch mal raus und brauche Zeit für mich.« Doch um ein Stück Freiheit zu bekommen, bräuchte sie mehr Unterstützung, beispielsweise durch den Vater. Von ihrem Mann fühlt sie sich ein Stück weit im Stich gelassen, da er sich nur sehr wenig um den Sohn kümmert und die Hauptverantwortung bei ihr liegt.

Zur Verbesserung ihrer persönlichen Situation wünscht sie sich mehr Unterstützung vom Staat in Form von Kinderbetreuung und finanziellen Hilfen für Familien. »So wenig Unterstützung, wie man bekommt, sollte man sich nicht wundern, warum so wenig Kinder zur Welt kommen.«

Wenn Melanie noch mal die Wahl hätte, würde sie bezüglich der Frage, ob sie ein Kind bekommen will, eine andere Entscheidung treffen. »Ich beneide keine [, die] schwanger an mir vorbeiläuft.« Auch ein zweites Kind kommt für sie nicht infrage: »Eins reicht.«

Lia Loreen, 28 Jahre, Rheinland-Pfalz

Lia Loreen ist Bürokauffrau. Sie lebt vom Vater der Kinder getrennt und ist alleinerziehend mit ihren zwei Kindern, die zwei und sechs Jahre alt sind.

Dass Lia Loreen insbesondere die Geburt des zweiten Kindes bereut, hat sie ihrer Mutter, ihrem jetzigen Partner und einem Therapeuten anvertraut. Ihre Mutter, mit der sie schon beim ersten Kind über das Problem sprach, hat sie aufgebaut und unterstützt: »Sie sagte mir immer wieder, dass dieses Kind auch groß wird ohne Papa. ›Wir schaffen das‹, sagte sie immer wieder. Mein neuer Partner fragte mich ziemlich schnell, wie ich das Verhältnis zwischen mir und meinem jüngsten Sohn beschreiben würde. Er spürte die Ablehnung. Er fragte mich, ob ich in Betracht gezogen habe, mein Kind abzugeben. Er konnte es nicht verstehen. Er sagte: ›Ein Kind ist ein Geschenk Gottes‹. Anfang diesen Jahres war ich mit meinen beiden Söhnen in einer Mutter-Kind-Kur. Dort habe ich mich auch offen mit den Therapeuten über dieses Thema unterhalten. Es war sehr positiv für mich.«

Ihr zweiter Sohn war ein Wunschkind. Es dauerte neun Monate, bis Lia Loreen endlich mit ihrem zweiten Kind schwanger war. Dennoch bereute sie den Entschluss für ein zweites Kind bereits während der Schwangerschaft. Ihr Mann wurde in dieser Zeit zum Alkoholiker. »Er war in seinem Rausch immer aggressiv und ich hatte Angst vor ihm. Ab da wusste ich, dass ich dem kleinen Baby kein gutes Leben schenken kann, und habe bereut, gewollt schwanger zu werden. Ich habe ernsthaft in Betracht gezogen abzutreiben. Konnte es aber nicht übers Herz bringen. Immer wieder sagte ich mir: Ich habe mir doch so sehr ein zweites Kind gewünscht. Jetzt ist es unterwegs. Alles wird gut.«

Nach der Geburt des zweiten Kindes wurde Lia Loreen von ihrem Mann betrogen und er drohte ihr damit, sich das Leben zu nehmen. Sie beendete die Beziehung, als ihr zweites Kind zehn Wochen alt war. »Also stand ich mit einem Vierjährigen und einem zehn Wochen alten Baby alleine da. Ohne Geld. Musste Hartz IV beantragen, musste in Elternzeit gehen (was vorher nicht so geplant war, da der Kindsvater selbstständig war und ich nur 20 Stunden die Woche arbeiten gehe). Ich gab an allem dem Baby die Schuld. Das Baby war schuld, dass mein Mann mich betrogen hat, dass mein Mann durch sein Doppelleben zum Alkoholiker wurde, das ich von Hartz IV leben muss, dass mein Erstgeborener nun weniger Aufmerksamkeit bekommt, weil ich alleine bin. Einfach an allem.«

Lia Loreen hat große Schuldgefühle wegen ihrer Empfindungen: »Es macht mich sehr traurig, wenn ich heute darüber nachdenke.« Ihr Verhältnis zu ihren Kindern ist inzwischen auch wieder besser geworden. Trotzdem empfindet sie die Mutterschaft immer noch als sehr belastend. Am meisten belastet sie der Alltag mit zwei Kindern; sie hat das Gefühl, den alltäglichen Aufgaben nicht gerecht zu werden. »Vor allem der große Sohn musste viel zurückstecken, da ich durch das Baby sehr beansprucht war und die Trennung mich sehr mitriss.« Sehr unwohl fühlt sie sich, wenn sie vor anderen Menschen erwähnen muss, dass sie zwei Kinder hat, aber vom Vater der Kinder getrennt lebt.

Vom Vater der Kinder bekommt Lia Loreen kaum Unterstützung, ebenso wenig von der eigenen Familie, da diese ihrer jetzigen Lebenssituation in einer Patchworkfamilie negativ gegenübersteht. Ihre Eltern machen ihr eher Vorwürfe, weil sie ihre Ehe beendet hat. »Die Großeltern meines Partners unterstützen uns sehr viel.«

Für ihre schwierige Situation vor allem in der Zeit der zweiten Schwangerschaft, nach der Geburt ihres Sohnes und nach der Trennung hätte sich Lia Loreen gewünscht, dass ihr Umfeld positiver reagiert hätte. »Auch wenn ich meinen Kindern nicht den leiblichen Vater ersetzen kann, weiß ich, dass es ihnen heute viel besser geht, als wenn ich beim Kindsvater geblieben wäre. Ich habe mich und meine Kinder geschützt. Auch wenn es nie so geplant war. Mein neuer Partner hat mich wieder ins Leben zurückgeführt. Er war in jeder Lebenssituation für mich da. Ich habe nun drei Kinder im Haushalt leben (Kind vom Partner lebt bei uns) und empfinde es als Geschenk. Ich bin nun wieder berufstätig, da der Kleine nun auch in die Kita geht. Dies steigert zusätzlich mein Selbstwertgefühl.« Sie denkt, dass ihr viele negative Erlebnisse und Empfindungen erspart geblieben wären, wenn sie von Familie und Freunden aufgefangen worden wäre.

Ihre Kinder schildert sie als anstrengender als andere Kinder, da beide durch die Trennung emotional mitgenommen sind. Der Sechsjährige erhält Psychotherapie. »Sehr oft ist er traurig, weil er seinen Papa vermisst und er sich wünscht, dass alles wieder so wird, wie es mal war. Das ist sehr anstrengend. Der kleinste (zwei Jahre) sagt nun zu zwei Männern ›Papa‹, was auch sehr verwirrend für das Kind ist. Und wenn die Jungs vom Papa-Wochenende zurückkommen, sind sie sehr emotional aufgewühlt. Wir müssen viel Geduld mit den Kindern haben und immer wieder versuchen, sie aufzumuntern.«

Wenn Lia Loreen die Zeit zurückdrehen könnte, würde sie sich zumindest gegen ein zweites Kind entscheiden.

Katja, 25 Jahre, Nordrhein-Westfalen

Katja ist Altenpflegerin. Sie hat eine zehn Monate alte Tochter und lebt mit ihr und ihrem Mann zusammen.

Katja hat mit ihrem Mann und mit ihrer besten Freundin aus der Schulzeit, die gleichzeitig auch die Patentante ihrer Tochter ist, darüber gesprochen, dass sie sich als Mutter nicht wohlfühlt und die Mutterschaft bereut. »Die Reaktion meines Mannes war sehr verhalten, er hat mir zugehört, mich nicht verurteilt und es auch nicht einfach so abgetan, aber ich habe schon gemerkt, dass es ihm unangenehm ist. Er sagte immer wieder, das würde an dem Kaiserschnitt liegen und dass sich unser Verhältnis noch bessern würde. Ich habe öfters versucht, ihm zu erklären, dass mich nicht das Verhältnis zu unserer Tochter belastet, sondern einfach das Muttersein an sich mich überfordert und stresst. Daraufhin war seine Antwort: ›Das ist normal, das spielt sich noch ein.‹ Die Patentante hat sich alles ganz genau angehört; da sie selbst keine Kinder hat, konnte sie mir zu dem Thema nicht viel sagen, sie ermutigte mich nur, indem sie sagte, dass ich deswegen keine schlechte Mutter sei und sie immer für mich da ist.«

Katja wollte eigentlich nie Kinder bekommen. Nach ihrer Hochzeit versuchte ihr Mann, sie zu einem gemeinsamen Kind zu überreden. Er malte ihr das Familienleben in den schönsten Farben aus, schilderte ihr seine Zukunftswünsche mit einem Haus und zwei Kindern und sprach davon, wie glücklich sie sein würden. Irgendwann begann Katja dann sich selbst einzureden bzw. zu wünschen, dass sie Kinder wollte und dass sie dies glücklich machen würde.

»Dann kam relativ früh der Schwangerschaftstest und ich war erst mal geschockt, aber ab dem ersten Ultraschall kam die Freude, ich habe richtig gezittert und geweint vor Freude, die Schwangerschaft verlief nicht ganz komplikationslos, aber ich habe nie dem Baby die Schuld gegeben, was man ja erst mal angesichts meiner heutigen Einstellung vermuten könnte.« Nach der Geburt des Kindes konnte sie jedoch für Wochen keine wirkliche Freude über die Geburt empfinden: »Dann war der heiß ersehnte Moment endlich da, mir wurde das kleine Wunder, in einem Handtuch eingewickelt, in die Arme gelegt. Ich schaute es an und dachte einfach nur: Ja, ein Baby. Die großen Muttergefühle und das Jauchzen vor Glück blieben aus.« Außenstehende sagten ihr immer wieder, dass dies eine normale Reaktion auf einen Kaiserschnitt wäre.

Katja begann tatsächlich, ihre Tochter zu lieben und zu umsorgen, »wollte nicht mehr ohne sie sein«. Als ihre Tochter sechs Wochen alt war, kam sie mit einer Bronchitis ins Krankenhaus. Einerseits betete und hoffte Katja, dass ihr Kind alles gut überstehen möge. »Trotzdem kam kurz der Gedanke auf:

Wenn sie jetzt stirbt, dann bist du keine Mutter mehr, dann hast du keine Verantwortung mehr. Doch den Gedanken habe ich schnell beiseitegeschoben. Doch von da an kamen mir immer häufiger die Gedanken, was wäre, wenn die Kleine nicht mehr da ist. Um Gottes willen, ich wollte ihr nie, nie, niemals etwas antun, ich habe ihr auch niemals den Tod gewünscht, ich dachte einfach nur, was wäre, wenn sie nicht mehr da wäre, einfach ›Pufff‹ und ich bin keine Mutter mehr und es hat sie niemals gegeben. Dieser Gedanke machte mich irgendwie glücklich, aber auch traurig zugleich, denn ich möchte sie nicht verlieren.«

Katja hat schwere Schuldgefühle: »Manchmal liege ich nachts wach und denke darüber nach, was denn mit mir nicht stimmt. Man sieht und hört doch immer nur, wie glücklich Mütter sind und wie sehr sie in ihrer Rolle aufgehen.«

Am meisten belastet Katja, dass sie ständig Druck von außen verspürt, sie müsse glücklich sein und jede Kleinigkeit an ihrem Kind großartig finden und kommentieren. »Dass erwartet wird, alles einfach so hinzubekommen, den perfekten Haushalt, das zufriedene Kind, der glückliche Mann …« Durch das permanente Präsent-sein-müssen und da sie nie zur Ruhe kommen kann, fühlt sich Katja eingeengt. »Es ist nicht die Verantwortung an sich, die mich belastet, es ist ganz schwer zu erklären, ich fühle mich einfach eingeengt und erdrückt und möchte am liebsten alles wieder wie früher haben.«

Besonders unwohl fühlt sie sich in Gegenwart anderer Mütter. Sie hat dann das Gefühl, eine Maske aufsetzen und glückliche Mutter spielen zu müssen. »Ich habe dann Sorge, dass ich [in] den Augen ›der anderen‹ etwas falsch mache, obwohl ich weiß, dass ich alles richtig mache, nur jeder hat dann einen gut gemeinten Rat für mich und ich kann diesen Satz ›Mach das doch mal so oder so‹ nicht mehr hören. Ich möchte für mich so sein, wie ich es meine, wie eine Mutter zu sein hat, und nicht, wie andere erwarten, wie eine Mutter ist [...]. Ich fühle mich auch unwohl, wenn etwas mal nicht so läuft wie immer, wenn meine Tochter weint und ich nicht weiß, was sie hat, und ich möchte dann einfach nur, dass sie ruhig ist [...] Es gibt öfters solche Situationen, in denen ich glaube, meine Tochter nicht zu verstehen und mich dann unwohl und richtig elendig fühle, so als ob ich versagt habe.«

Das Verhältnis zu ihrer Tochter beschreibt Katja als wunderbar. Ihre Tochter freut sich immer, wenn sie sie sieht, und Katja liebt sie sehr. »Das zeigt sie mir, indem sie dem Papa fast vom Arm springt, wenn ich den Raum betrete, wie sie mich anstrahlt, wenn ich sie morgens aus dem Bettchen hole, und wie selig sie ist, wenn ich sie in den Armen halte.«

Vom Vater ihrer Tochter wünscht sich Katja deutlich mehr Engagement. Er kümmert sich zwar größtenteils sehr gut, unterstützt sie jedoch gerade an den Wochentagen viel zu wenig. »Nach der Arbeit ist er erst mal geschafft, was ich auch verstehe, und braucht seine Zeit für sich, aber danach kommt auch wenig Initiative von ihm. Erst kurz bevor sie ins Bett geht, blüht er noch mal auf und kümmert sich, aber wahrscheinlich auch nur, damit ich kochen kann ... Was aber schön ist, ist dass er sich am Wochenende meistens einen Tag nimmt und sich ganz viel mit ihr beschäftigt, und wenn ich irgendwo hinmuss, sei es arbeiten oder zu einer Freundin möchte, dann passt er natürlich auch auf.«

Von der Schwiegermutter, die direkt nebenan wohnt, wird Katja jedoch sehr gut unterstützt. Wenn Katja Hilfe braucht, kann sie jederzeit auf sie zurückgreifen. »Aber sie drängt sich dabei nicht auf, wenn wir sie brauchen, ist sie da, sie möchte aber nichts in der Erziehung bestimmen und hält sich an unsere Regeln.« Ihre eigenen Eltern wohnen etwas weiter weg, versuchen sich aber trotzdem ein wenig einzubringen. »Unsere Kleine macht auch regelmäßig dort Urlaub, ca. alle vier bis sechs Wochen von Samstag auf Sonntag. Und wenn wir zu Besuch dort sind, muss ich mich auch überhaupt nicht um sie kümmern, das erledigen Oma und Opa schon. Kita, Tagesmutter oder sonstige Einrichtungen nutzen wir nicht, da ich meine Tochter nicht in fremde Hände geben möchte, auf jeden Fall jetzt, wo sie noch so klein ist, noch nicht.«

Es mangelt Katja nicht an Unterstützung, wie sie selber sagt. Damit sich ihre Empfindungen der Mutterschaft gegenüber bessern, müsste sich ihrer Ansicht nach das Bild, das die Gesellschaft von Müttern hat, ändern. »Es müssen nicht immer nur Vorzeigemütter gezeigt werden, es muss nicht immer erwartet werden, dass eine Mutter ihr Kind immer, damit meine ich in jeder Situation, liebt, und es darf diese strengen ungeschriebenen Regeln nicht mehr geben.« Die ungeschriebenen Regeln für gute Mütter empfindet sie als sehr negativ: »Wenn du jenes nicht tust, bist du eine schlechte Mutter.« Es gibt ihrer Meinung nach in den Köpfen der Menschen viel zu viele Vorstellungen darüber, was eine gute Mutter tun und sein müsste. Sie fühlt sich von vielen dieser Anforderungen, die an Mütter gestellt werden, überfordert. Beispielsweise wären Mütter, die kein Babyschwimmen oder keinen PEKiP-Kurs besuchen, automatisch schlechte Mütter. Diese Engstirnigkeit und die enorm hohen Erwartungen an Mütter machen Katja wütend und führen dazu, dass sie sich als Mutter schlecht und in ihrer Rolle unwohl fühlt.

»Und was sich auch ändern muss, ist dieser ständige Konkurrenzkampf unter Müttern, denn das setzt einen noch mehr unter Druck. Das ist es, was Müttern wie mir das Gefühl gibt, eine schlechte Mutter zu sein […]. Nur weil ich [in] dem Muttersein nicht aufblühe, heißt es nicht, dass ich eine schlechte

Mutter bin, ich würde für meine Tochter Berge versetzen, mit Löwen kämpfen und jedes Monster verjagen. Nur das ist es, was viele nicht verstehen, die meisten sehen einfach nur jemanden, die mit der Mutterrolle nicht klarkommt, und diagnostizieren mit ihrem eingebläuten Schwarz-Weiß-Denken sofort eine Rabenmutter.«

Ihre Tochter schildert Katja als sehr pflegeleichtes und zufriedenes Kind, das viel und gut durchschläft, meist fröhlich ist und nur selten weint. Auch ihre Lebenssituation im Allgemeinen ist unkompliziert und unbeschwert. »Ich habe einen guten Abschluss, habe früh meinen Mann geheiratet und habe einen tollen Beruf, in dem ich voll und ganz aufgehe. Klar könnte die finanzielle Lage etwas besser sein, wir haben schon ganz schön zu kämpfen, aber wir haben immer Essen im Haus und heile Kleidung am Leib und [ab] November gehe ich wieder arbeiten, dann ist meine Elternzeit abgelaufen und dann wird es uns auch besser gehen.«

Doch wenn Katja nochmals vor der Entscheidung stünde, ein Kind zu bekommen, und die heutigen Erkenntnisse hätte, würde sie sich dagegen entscheiden, ein Kind zu bekommen.

Anna, 34 Jahre, Österreich

Anna und ihr Mann leben getrennt. Die drei und fünf Jahre alten Kinder leben zu 60 Prozent bei ihr und zu 40 Prozent beim Vater. Anna ist Angestellte.

Anna hat über ihre Unzufriedenheit mit der Mutterrolle mit ihrer Mutter gesprochen. »Sie versteht es gut, dass es für mich sehr belastend ist und dass mir alles über den Kopf wächst. Sie versucht, mich so viel wie möglich zu unterstützen.« Darüber hinaus hat sie sich einer Freundin anvertraut.

»Sie hat keine Kinder – und kann es nicht verstehen. Sie hat nur gesagt, dass ich ja zwei so liebe Kinder habe und dass es doch schade wäre, wenn ich diese nicht hätte.« Insgesamt findet Anna es nicht leicht, mit anderen Personen darüber zu sprechen, wie unglücklich und überfordert sie als Mutter ist: »Die Gesellschaft geht davon aus, dass Mütter immer glücklich zu sein haben und immer Geduld haben müssen.«

Bereits die Anfangszeit mit Kind war für Anna sehr anstrengend. »Ich wollte manchmal einfach nur schlafen. Ich wollte manchmal einfach ein Leben wiederhaben, aber das ging nicht. Ich konnte nichts damit anfangen, dass ich mich 24 Stunden um ein Baby kümmern muss. Ich wusste nicht, was ich machen soll. Auch die Kleinkindzeit war sehr schwierig für mich – ich konnte mich nicht stundenlang und mit Geduld mit meinen Kindern beschäftigen.«

Ein Schlüsselfaktor für sie war jedoch, »dass man als Mutter als eigenständige Person nicht mehr existiert. Es ist immer die Frau, die zurückstecken muss.« Zudem hat sie gemerkt, dass ihr Pflichtbewusstsein den Kindern gegenüber deutlich ausgeprägter ist als das ihres Mannes und sie somit automatisch zurückgesteckt hat, während ihr Mann vor den Belastungen »geflohen« ist, indem er verstärkt Sport getrieben hat. Dabei blieb oft viel an ihr hängen und sie stellte immer wieder ihre eigenen Bedürfnisse zurück.

»Obwohl ich schon sagen muss, dass der Vater sich sehr wohl um die Kinder gekümmert hat. Aber die Hauptverantwortung ist immer auf mir gelegen.« Am meisten belastet sie an der Mutterrolle, »dass ich mein Leben nicht mehr unter Kontrolle habe. Ich habe das Gefühl, alles entgleitet mir. Und dass auf mich niemand Rücksicht nimmt«.

Anna hat ihren Kindern gegenüber Schuldgefühle, weil das Bereuen der Mutterschaft gesellschaftlich nicht akzeptiert ist und man über seine Unzufriedenheit auch nicht sprechen darf. »Und das führt dazu, dass ich mir denke: Ich bin nicht normal und ich bin keine gute Mutter – obwohl meine Kinder eine gute Mutter verdient hätten.«

Wenn die Kinder nicht hören oder es drunter und drüber geht, verliert Anna auch mal die Geduld und wird lauter. »Das ist etwas, das in der Gesellschaft nicht akzeptiert wird, dass eine Mutter ihre Geduld verliert.« Daher fühlt sich Anna besonders in diesen Situationen schlecht, weil sie den an sie herangetragenen Ansprüchen nicht genügen kann. Darüber hinaus beschreibt auch Anna die ungebetenen Ratschläge anderer Leute, die Mütter so oft zu hören bekommen, als lästig und verletzend. Sie empfindet vor allem die Einstellungen und das Verhalten der Gesellschaft Müttern gegenüber als belastend.

Anna geht davon aus, dass sie ohne Kinder vielleicht noch mit ihrem Partner zusammen wäre, da ihre Beziehung dem Druck und Stress nicht gewachsen war, den die Kinder mit sich bringen. »Ich könnte außerdem über mich selbst bestimmen und müsste nicht mein gesamtes Leben nach den Kindern ausrichten. Ich hätte im Beruf bleiben können und würde jetzt besser verdienen. Auch wenn man als Frau studiert hat – sobald die Karenz [Elternzeit in Österreich] ansteht, hast du den Bruch.«

Annas Kinder sind sehr lebhaft. »Ist ja prinzipiell gut – ich will keine Schlaftabletten. Aber wenn wir wo hinkommen, wissen die Leute: Jetzt sind wir da. Vor allem haben sie kein Sitzfleisch. Und wir haben alle zusammen ein sehr lautes Auftreten. Verglichen mit den Kindern von Freundinnen von mir ist es definitiv so, dass meine Kinder mich nicht hören (wollen). Das wurde mir auch schon sehr fasziniert von Freundinnen bestätigt.« Das Verhältnis zu ihnen beschreibt sie als prinzipiell gut. »Aber meine Kinder fragen mich schon manchmal: ›Mama, warum musst du so laut sein?‹ Im Moment ist gerade eine Phase, wo beide Kinder ziemlich selbstständig sind, und das hat mir gut getan verglichen zu vor noch ein paar Monaten – und das hat auch die Beziehung zu ihnen verbessert.«

Vom Vater der Kinder lebt Anna seit Anfang 2015 getrennt. Er betreut die Kinder recht häufig und unterstützt sie gut. Bis 15 Uhr sind die Kinder im Kindergarten. Mehr Betreuungszeit traut Anna sich nicht in Anspruch zu nehmen, weil sie dann als Mutter schief angeschaut würde. Ihre Mutter unterstützt sie ebenfalls recht viel, holt die Kinder vom Kindergarten ab und betreut sie bis abends. Dies ist auch nötig, da Anna neben ihrer Arbeit noch ein zweites Studium angefangen hat und in Kürze wieder Vollzeit arbeiten will. »Das wäre alles nicht möglich ohne Unterstützung. Und die Unterstützung ist der Grund, weshalb ich doch halbwegs zufrieden bin mit der Situation mit den Kindern – hätte ich diese Unterstützung nicht, weiß ich sehr gut, dass mich vieles viel mehr belasten würde. Ich war vier Jahre bei meinen Kindern zu Hause, und das war zu viel für mich. Dass ich wieder zu arbeiten begonnen habe und noch ein Studium begonnen habe, hatte mich da ein wenig rausgeholt.«

Ihre persönliche Situation ließe sich verbessern, wenn sie nicht so viele ungebetene Ratschläge und Kritik von allen Seiten zu hören bekäme. »Jeder glaubt, weil er selbst mal Kind war oder sogar welche hatte, dass nur sein Weg der richtige Weg ist. Das nervt, von vielen Seiten ständig mit Blicken und Kritik konfrontiert zu sein.«

Außerdem wünscht Anna sich eine gleiche Entlohnung für Männer und Frauen, damit es für Familien auch finanziell besser machbar ist, dass die Väter zu Hause bei den Kindern bleiben. Zudem fordert sie eine erschwingliche Kinderbetreuung und keine Benachteiligung von Müttern durch Arbeitgeber. Denn diese würden immer nur bedenken, dass eine Mutter ausfallen könne wegen der Kinder – bei einem Vater hätte niemand diese Bedenken.

Anna ist zwar durch die Mutterschaft überfordert und unglücklich. Sie könnte sich jedoch durchaus vorstellen, sich wieder für Kinder zu entscheiden, weil sie nach wie vor die Einstellung hat, dass Kinder zum Leben dazugehören. Gleichzeitig gibt sie aber an, dass das nicht heißt, dass man mit diesem Leben mit Kindern glücklich wird.

Carina, 36 Jahre, Sachsen

Carina ist Pflegemanagerin und Referentin für die Altenpflege. Sie hat aus der ersten Ehe zwei Kinder, die 13 und 15 Jahre alt sind und bei ihr und ihrem neuen Partner leben. Mit dem neuen Partner hat sie zudem ein acht Monate altes Kind.

Carina hat mit niemandem über ihre Reuegefühle und ihre Unzufriedenheit gesprochen. Sie beschreibt, dass es bereits ein schwieriger Schritt ist, sich diese Empfindungen selber einzugestehen. Zudem merkt sie, dass der Druck für Mütter, perfekt zu sein, ohnehin sehr groß ist. »Da wird man schon schief angeschaut, wenn man mal nicht mit zum ›Mama-Papa-Kind-Grillen‹ mitgeht, weil man arbeiten muss bzw. später kommt. Da hat man seinen Stempel weg. Meine Mutter sagt immer zu mir, wenn ich Zweifel hege: »Du wolltest es so …« Da spar ich mir Widerworte. Ich glaub, es würde keiner so recht verstehen, wenn ich sag, dass ich meinen Weg bis dato bereue.«

Dass sie es bereut, Mutter geworden zu sein, hat sie besonders nach der Geburt des dritten Kindes gemerkt, das im Gegenteil zu seinen älteren Geschwistern ein Wunschkind war. »Sie gehört dazu u[nd] manchmal habe ich das Gefühl, erst jetzt komplett zu sein. Dennoch sehe ich gerade, wie meine gesammelten Erfahrungen im Beruf verschwinden, ich große Komplikationen haben werde, wieder Fuß zu fassen. Außerdem hocke ich daheim und bin Hausfrau – nicht für mich gemacht. Anerkennung vom Vater der Kleinen – Fehlanzeige. Da kommt dann stets die Erkenntnis, allein und ohne die Kleine wäre ich besser dran. Weiter kreisen die Gedanken – ohne die großen Kinder wäre mein Lebenstraum sicher wahr geworden. Die Gedanken des Bereuens kommen immer nach und nach und werden immer stärker.« Diese Gedanken sorgen bei Carina gleichzeitig für ein schlechtes Gewissen.

Am meisten belastet Carina, dass sie in allen Belangen die Verantwortliche und Ansprechpartnerin ist. Sie muss sehr viele verschiedene Aufgaben meistern, und das zehrt an ihren Kräften. »Hausfrau, Köchin, Krankenschwester, Psychiater, Lehrer, Erzieher und noch 1000 andere Berufe ... alles vereint in MAMA. Das zehrt und raubt. Abends gemütlich vorm TV sitzen und ein Glas Wein trinken?! Fehlanzeige... entweder schreit das Kleine und der Vater gönnt sich seine ›wohlverdiente Ruhe‹ am Feierabend oder die Wäsche wartet, gebügelt zu werden, oder eins der Großen braucht noch Hilfe bei den Hausaufgaben. Momentan bin ich daheim im Erziehungsjahr – anscheinend denken alle, ich dreh Däumchen den ganzen Tag. Ich falle jetzt schon tot ins Bett, was wird kommendes Jahr, wenn ich voll arbeite?«

Zudem bemängelt Carina die fehlende Unterstützung durch ihren Partner. »Selbst die Worte: ›Du machst das klasse‹ oder ›Na, die Kleine will halt nur zur Mama, weiß eben, was gut ist‹ gehen mir so sehr auf den Keks und sind nicht wirklich eine Ermunterung. Ich möchte gern Frau sein, ohne Erklärungen zum Friseur oder zur Kosmetik gehen, Konzerte besuchen oder einfach ins Museum. Äußere ich dies, werde ich dumm kommentiert und blöd angeschaut. Oder alle wollen mit.«

Besonders unglücklich macht es Carina auch, wenn andere Mütter mit den Fortschritten und Errungenschaften ihrer Kinder angeben und dass alle anderen Mütter nach außen so perfekt wirken, dass sie sich in deren Umgebung fehl am Platz fühlt.

Hätte sie keine Kinder bekommen, so vermutet Carina, wäre ihre finanzielle Situation deutlich besser und die Beziehung zum Vater der beiden großen Kinder wäre wahrscheinlich nicht gescheitert.

Ihr ältestes Kind beschreibt Carina als pflegeleicht. Die Mittlere nervt sie durch ihr pubertäres Verhalten, »es ist eher ein Kampf mit ihr als ein Verhältnis. Das zehrt sehr bei mir. Na ja, und die Kleine fordert halt meine ganze Aufmerksamkeit. Ich muss allen dreien gerecht werden und stoße an meine Grenzen. Aber ich verteidige die beiden Großen auch gegenüber meinem Partner, der sie ungerecht behandelt.«

Carina fühlt sich völlig ausgelaugt und fragt sich immer wieder, wie andere Mütter das alles scheinbar so mühelos schaffen. Die Väter ihrer Kinder bringen sich im Alltag aus ihrer Sicht nicht ausreichend ein und ziehen auch finanziell nicht ausreichend mit. Schule und Kita funktionieren glücklicherweise.

Von der Politik wünscht sich Carina, dass die Elternzeit besser entlohnt wird. »Die Gesellschaft sollte Muttersein als Job anerkennen und keinen Wettstreit daraus machen.« Außerdem wäre aus ihrer Sicht die Situation von Müttern deutlich besser, wenn Arbeitgeber bei dem Wiedereinstieg von Müttern flexibler handeln würden.

Dennoch würde Carina wieder Kinder bekommen. Sie würde sie jedoch – wenn sie die Zeit zurückdrehen könnte – erst später bekommen, wenn sie bereits einige Jahre Berufserfahrung hat.

Patrizia, 53 Jahre, Bayern

Patrizia ist Sozialpädagogin und Krankenschwester. Sie lebt getrennt vom Vater der Kinder alleinerziehend mit ihren 13 und 15 Jahre alten Kindern zusammen.

Patrizia hat zwar mit einigen Personen darüber gesprochen, dass sie ihre Mutterschaft bereut, doch sie gibt gleichzeitig an, dass niemand das hören wollte. »Es ist sehr ein Tabuthema und wer will so was nicht ganz Einfaches schon hören?« Sie tut sich auch schwer damit, mit anderen darüber zu reden, weil sie Scham wegen ihrer Reue verspürt und Versagensgefühle hat. »Nicht mal meine Therapeutin wollte sich damit befassen.«

Am unangenehmsten ist für Patrizia die Isolation durch die Mutterrolle und dass sie keine Unterstützung erhält. Auch ihre mangelhafte finanzielle Absicherung und die alleinige Verantwortung im Alltag belasten sie. Gerade als Alleinerziehende hat sie das Gefühl, allein zu sein. Darüber hinaus ist sie sehr frustriert, dass sie keinen Job hat, »trotz Studium und Berufsausbildung«. Hätte sie keine Kinder bekommen, wären vor allem ihre finanzielle und berufliche Situation besser, glaubt sie.

Das Verhältnis zu ihren Kindern bezeichnet sie als einigermaßen gut, aber auch als etwas belastet. Gerade wenn es Konflikte in der Schule gibt, fehlt Patrizia der Vater der Kinder oder ein neuer Partner, der sie in diesen Situationen unterstützt.

Zur Verbesserung ihrer Unzufriedenheit würde Patrizia mehr Unterstützung bei der Arbeitssuche, einen Job und eine andere Wohnumgebung benötigen. Ihre persönliche Lebenssituation und ihre Kinder beschreibt sie als nicht anstrengender oder entspannter als bei anderen Familien. Sie bemängelt lediglich, dass sie auf dem Land lebt, wo kein Netzwerkaufbau zu Gleichgesinnten möglich ist.

Ob sie sich mit den heutigen Erkenntnissen wieder für Kinder entscheiden würde, weiß Patrizia nicht. Sie verspürt Ambivalenz: «Ich liebe meine Kinder, aber der Preis für sie war in meinem Leben zu hoch.»

Claudia, 39 Jahre, Südtirol

Claudia ist Buchhalterin und aktuell Hausfrau. Sie lebt mit ihrem achtjährigen Sohn und dessen Vater zusammen.

Dass Claudia bereut, Mutter geworden zu sein, hat sie einigen Personen anvertraut. »Die meisten verstanden das nicht und hielten es für reine Unzufriedenheit. Freundinnen, die ungewollt kinderlos sind, sind natürlich entsetzt über so eine Aussage. Meine Mutter sagte zu mir, ich hätte es mir vorher überlegen sollen, ob ich das will oder nicht.« Doch Claudia hat auch von zwei Bekannten erfahren, die ebenfalls bereuen, Mutter geworden zu sein. Claudia ist überzeugt davon, dass sich viele, die davon betroffen sind, nicht trauen, darüber zu sprechen. Inzwischen äußert Claudia sich auch nicht mehr über ihre Empfindungen bezüglich der Mutterschaft, weil sie stets kritisiert wurde und ihr immer der Eindruck vermittelt wurde, dass eine Mutter glücklich sein muss.

Claudias Sohn war ein Wunschkind. »Ich hatte eine wunderschöne Schwangerschaft und freute mich total aufs Baby.

Wie alle Mütter malte ich mir aus, wie das Leben mit Baby sein wird ...« Doch bereits nach der komplizierten Geburt merkte sie, dass sie sich nicht über ihr Kind freuen konnte. »Es war, als hätte jemand eine Off-Taste an mir betätigt. Ich verspürte kein Glücksgefühl, hatte nicht das Bedürfnis, das Kind zu tragen oder an mich ranzulassen. Es klappte rein gar nichts ... das Stillen eine Katastrophe und das Gefühl, dass mit dem Kind etwas nicht stimmte, war sofort da. Im Krankenhaus bekam ich keinerlei Verständnis dafür.« Die ersten Wochen und Monate waren sehr anstrengend und nervenaufreibend, da Claudias Sohn einen Schiefhals mit dem Folgeschaden motorische Dyspraxie hatte, was jedoch zunächst von den Ärzten nicht erkannt wurde. »Zu Hause wurden mein Mann und ich depressiv – unser Leben bestand aus Kind ernähren ... zuerst 40 Minuten Still-Versuch, dann Flasche ... und das im Zwei-Stunden-Takt, wie von der Ärztin vorgegeben – wir dachten, ok ... wir müssen uns ja an die neue Situation gewöhnen, es geht vorbei. Ich hatte oft den Wunsch, das Kind dem Krankenhaus zurückzugeben. Wir schrien auf, aber niemand hörte uns (weder Hebamme noch Eltern). Unser Gemütszustand verbesserte sich, allerdings wussten wir damals noch nicht, dass unser Kind beeinträchtigt ist.«

Es folgten Jahre voller Therapien und Behandlungen, weitere gesundheitliche Beeinträchtigungen und sogar der Verdacht auf einen bösartigen Lymphknoten-Tumor bei ihrem Sohn. »So ein jahrelanges Martyrium hat mich dazu gebracht: Ich bereue es. Es gab Jahre, die waren einfach kein Leben – mein Mann und ich haben sehr darunter gelitten und mussten das alleine durchstehen – ohne Hilfe von außen. Manchmal frage ich mich, ob ich glücklich geworden wäre mit einem gesunden Kind ... kann sein, ich weiß es leider nicht.«

Claudia hat ihrem Sohn gegenüber ein sehr schlechtes Gewissen wegen dieser Empfindungen. »Er hat es sich nicht selbst ausgesucht, in die Welt gesetzt zu werden. Er kann nix dafür und verdient [...] dieselbe Liebe seiner Mutter wie alle anderen Kinder auch. Nur bin ich – denke ich – nicht dazu fähig, obwohl ich ihn gern habe.« Es belastet sie, dass sie Verantwortung für ein Kind tragen muss, und sie vermisst die Zeit, in der sie ausschließlich für sich selbst verantwortlich war. »Jetzt wo er größer ist, mache ich mir große Sorgen um seine Zukunft, da er eben »anders« ist. Es ist ein ständiger Kampf ... Egal ob mit Kiga, Schule oder Ärzten ... ich kämpfe durchaus für seine Rechte und Förderung ... die nicht so klappen, wie es sein sollte. Das ist sehr nervenaufreibend und mühsam. Ich vermisse die Zeit, in der ich nur für mich selbst verantwortlich war.«

Das Verhältnis zu ihrem Sohn ist durch Claudias Unglück beeinträchtigt. »Ich liebe mein Kind, aber wie gesagt: Ich glaube, nicht so sehr, wie andere Mütter ihr Kind lieben.« Sie kann die schlechten Erfahrungen mit ihm und die negativen Gefühle bezüglich der Jahre mit ihrem Sohn nicht von seiner Person trennen. »Ich habe leider immer vor Augen, was alles passiert ist und wie [viele] schmerzhafte Dinge wir erlebt haben [...] es gab wenig Platz für glückliche und entspannte Momente. Ich bin überzeugt, mein Kind spürt das. Er fühlt sich auch mehr zu seinem Vater hingezogen als zu mir. Ich würde gerne eine liebevollere Beziehung zu ihm haben ... Aber die schlechten Erfahrungen und all die negativen Gefühle haften an ihm wie Pech (so kann ich es zumindest bildlich beschreiben).«

Von ihrem Mann bekommt Claudia sehr viel Unterstützung, während Eltern und Schwiegereltern sich völlig zurückgezogen haben und keinerlei Hilfe im Alltag darstellen. Selbst in schwierigen Phasen, wenn ihr Sohn im Krankenhaus war, waren die Großeltern nicht zugegen. »Sie konnten nie mit seiner Beeinträchtigung umgehen ... Anfangs wurden wir viel kritisiert, dass wir »übertreiben« ... Im Krankenhaus saßen wir immer alleine da ... niemand mochte uns mal ablösen, damit wir frische Luft schnappen konnten ab und zu. Im Kiga lief es noch gut mit Förderung, jetzt in der Schule gar nicht. Theoretisch klingt alles toll, in der Praxis ist es ein täglicher Kampf um Verständnis für seinen Zustand und seine Schwierigkeiten.«

Claudia wünscht sich demzufolge auch mehr Unterstützung von ihren Familien, aber auch von den Institutionen. Besonders für die Jobsuche würde sie sich mehr Hilfe wünschen. »Ich war immer eine tüchtige, verantwortungsbewusste Angestellte, zur Freude all meiner Arbeitgeber. Nun auf Arbeitssuche werde ich oft beim Vorstellungsgespräch gefragt, warum ich all diese Jahre ÜBERHAUPT NIX getan habe [...] Das schmerzt und setzt noch einen drauf.«

Das Leben mit ihrem Sohn schildert Claudia als anstrengender, als das Leben anderer Mütter mit ihren Kindern ist, was an den Krankheiten und Therapien ihres Sohnes liegt. Seine Beeinträchtigung bringt eben besondere Belastungen mit sich. Dennoch würde Claudia niemals sagen, dass es Mütter mit gesunden Kindern nicht auch schwer hätten. »Ich glaube, bei anderen Müttern überwiegen einfach die glücklichen Momente/Erfahrungen ... Bei uns leider nicht. Wenn ich diese fast neun Jahre zurückblicke: Sie sind gefüllt mit großen Sorgen, Krankenhausaufenthalten, Verzweiflung, Resignierung ... auch Todesangst (Verdacht auf Lymphknoten-Tumor). Ich glaub, ich könnte ein Buch füllen. Aber ich bin stark und gläubig und fähig, immer auch das Positive zu sehen. Gott hat mir [mein Kind] geschickt und mir auch die Kraft gegeben, das alles zu tragen. Ich selbst hätte mir einen anderen Weg ausgesucht ... Und wie jeder Mensch hab ich gute Tage und schlechte Tage, an denen ich mir solche Gedanken mache und eben weiß: Ich würde mir keine Kinder mehr wünschen, so schlimm es auch klingt.« Bei dieser Aussage bleibt Claudia: »Obwohl mir [dabei] das Herz wehtut.«

V. Analyse der Mütter

Die befragten Mütter waren im Alter zwischen 25 und 62 Jahren. Der Altersdurchschnitt lag bei 39,5 Jahren. Die Kinder der Frauen sind zwischen sechs Monaten und 39 Jahren alt. Sechs Frauen haben ein Kind, neun Frauen haben zwei Kinder und drei Frauen haben drei Kinder.

Die Mütter leben alle im deutschsprachigen Raum – jedoch nicht alle in Deutschland. Eine Mutter kommt aus Österreich und eine aus Südtirol. Sechs Mütter leben in Bayern, jeweils zwei in Niedersachsen, Hamburg und Rheinland-Pfalz. Jeweils eine Mutter kommt aus Sachsen, Nordrhein-Westfalen, Brandenburg und Hessen. Die Verteilung der Mütter ist also zwar breit gestreut, das Verhältnis der Zusammensetzung ist jedoch nicht repräsentativ.

Acht der 18 Mütter leben mit dem Vater der Kinder zusammen, fünf sind alleinerziehend. Zwei Mütter sind vom Vater der Kinder getrennt, leben jedoch bereits mit einem neuen Partner in einer »Patchworkkonstellation« zusammen. Zwei Mütter leben zwar getrennt vom Vater der Kinder, ihre Kinder sind jedoch bereits erwachsen, sodass sie nicht alleinerziehend sind. Eine Mutter gibt an, dass sie getrennt vom Vater der Kinder lebt, sie jedoch die Kinder fast gemeinsam erziehen und die Kinder zu 60 Prozent bei ihr und zu 40 Prozent beim Vater leben.

Es handelt sich bei der Gruppe der Mütter, die ich befragt habe, also um überdurchschnittlich viele getrennte Eltern – jedoch nicht unbedingt um überdurchschnittlich viele Alleinerziehende. Es wird deutlich, dass auch Frauen, die in glücklichen Partnerschaften leben, ihre Mutterschaft bereuen können. Aber selbstverständlich bringt das Leben als Alleinerziehende meist noch mehr Herausforderungen und Belastungen mit sich.

Alleinerziehend zu sein könnte also das Risiko erhöhen, seine Mutterschaft zu bereuen. Andererseits könnte man auch ableiten, dass Mütter, die unglücklich mit ihrer Mutterrolle sind, sich überdurchschnittlich oft von ihren Partnern trennen. Dies könnte beispielsweise daran liegen, dass sie sich von diesen »im Stich gelassen« fühlen und ihr Unglück teilweise auch auf die mangelnde Mitarbeit der Väter zurückführen. In welche Richtung hier also eine Kausalität besteht, lässt sich nicht genau sagen. Denkbar wären sogar beide Varianten. Diese Frage könnte lediglich in einer quantitativen empirischen Untersuchung geklärt werden.

Es konnte in der Analyse der Fragebögen nicht festgestellt werden, dass es sich bei den befragten Müttern um überdurchschnittlich stark belastete Frauen handelt. Eine der 18 Mütter hat ein Kind mit Beeinträchtigungen, zwei haben Schreikinder. Zwei Mütter geben an, dass ihre Kinder durch die Trennung vom Vater psychisch belastet sind, ein Kind davon geht zur Psychotherapie. Eine Mutter leidet selbst am Borderlinesyndrom. Bei 13 Müttern sind die Kinder völlig normal und durchschnittlich, zwei davon bezeichnen ihre Kinder sogar als besonders pflegeleicht und ihre Lebenssituation als deutlich einfacher als die anderer Familien. Drei der Mütter mit normal anstrengenden Kindern beschreiben ihre Kinder als anhänglich, lebhaft oder nicht ausgelastet. Diese Verhaltensweisen sind jedoch nicht unnormal oder überdurchschnittlich anstrengend. Insgesamt scheinen die Beschreibungen der Mütter bezüglich ihrer Lebenssituation und bezüglich der Art und Weise, wie anstrengend ihre Kinder sind, völlig einem Bevölkerungsquerschnitt zu entsprechen.

Man kann also nicht ableiten, dass lediglich Mütter, die in besonders schwierigen Lebenslagen sind oder Kinder mit Beeinträchtigungen haben, ihre Mutterschaft bereuen. Man kann nur vermuten, dass der Umstand, ein Schreikind zu haben, ein Kind mit Beeinträchtigungen zu haben oder auch alleinerziehend zu sein, das Risiko für eine Frau erhöht, ihre Mutterschaft zu bereuen. Doch auch Frauen mit völlig gesunden Kindern oder aus sehr guten Lebensverhältnissen können durch die Mutterrolle sehr unglücklich werden.

Die Reaktionen des Umfelds

Die Art, wie die Mütter ihrem Umfeld gegenüber mit ihrem Bereuen umgehen, ist ganz unterschiedlich. Einige Mütter haben noch mit niemandem darüber gesprochen und äußerten sich mir gegenüber nun zum ersten Mal. Andere haben mit ihrem Partner, ihrer Mutter oder einer Freundin darüber gesprochen, wie unglücklich sie sind und dass sie wünschten, nie Mutter geworden zu sein. Manche Mütter haben sich bereits mehreren Personen aus Familie und Freundeskreis anvertraut.

Die Reaktionen des Umfelds sind dabei ebenfalls sehr gemischt. Fast alle Mütter, die sich anderen Menschen geöffnet haben, haben auch negative Reaktionen bekommen, sahen sich mit Kritik, Vorwürfen, Unverständnis konfrontiert oder mussten sogar erleben, dass sich diese Personen von ihnen abwendeten. So schreibt Patrizia:

»Es ist sehr ein Tabuthema und wer will so was nicht ganz Einfaches schon hören, egal aus welcher Bildungsschicht? Und dass ich meine Mutterrolle als belastend empfinde, da empfinde ich selber [...] Scham und Versagensgefühl.«

Es geht den Müttern, die sich nicht trauen, mit anderen Menschen über ihre Probleme und Empfindungen zu reden, verständlicherweise auch darum, sich nicht in negativem Licht zu zeigen – in dem Bewusstsein, dass ihre Gefühle nicht gesellschaftlich akzeptiert sind. Zudem versuchen sie durch das Schweigen auch, ihre eigenen Schuldgefühle nicht noch größer werden zu lassen, was vermutlich geschehen würde, wenn ihr Umfeld negativ reagiert. Wie schwierig es ist, ihre Situation anderen zu verstehen zu geben, schildert Cathrin wie folgt:

»Für mich war es schon schwer, nach außen zuzugeben, dass er ein Schreikind ist. Das war für mich, als müsste ich zugeben, eine Versagerin zu sein.«

Claudia beschreibt die Reaktionen ihres Umfelds:

»Ja, ich habe mit einigen darüber gesprochen. Die meisten verstanden das nicht und hielten es für reine Unzufriedenheit. Freundinnen, die ungewollt kinderlos sind, sind natürlich entsetzt über so eine Aussage. Meine Mutter sagte zu mir, ich hätte es mir vorher überlegen sollen, ob ich das will oder nicht.«

Dass gerade ihre eigenen Mütter ihnen sagen, sie hätten sich vorher besser überlegen sollen, ob sie Kinder bekommen möchten, oder dass sie sich nun damit abfinden müssten, weil sie sich ja nun einmal so entschieden hätten, schildern mehrere Mütter. Natürlich ist den Müttern, die ihre Mutterschaft bereuen, bewusst, dass sie ihre Lebenssituation nicht mehr rückgängig machen können. Was sie benötigen, ist jedoch Verständnis, Mitgefühl und Unterstützung, und keine Vorwürfe oder Durchhalteparolen.

Es ist die Angst davor, von der Gesellschaft für eine Versagerin gehalten zu werden, die bereuende Mütter bremst. Die Wörter »versagen«, »Versagerin« oder »Versagensgefühl« werden von vielen Betroffenen verwendet.

Doch neben der Angst, andere könnten sie für ihre Empfindungen verurteilen, wird auch der Verdacht geäußert, dass mehr Mütter diese Reue verspüren, als man selbst glaubt – eben weil es ein Tabuthema ist und es häufig nicht nach außen kommuniziert wird. So ist z.B. Claudia auf Frauen gestoßen, denen es ähnlich geht, und sie vermutet, dass es noch viel mehr davon gibt:

»Neuerdings habe ich zufällig erfahren, dass zwei Bekannte von mir ebenfalls so denken. Eine davon ist Mutter von zwei behinderten Kindern, die andere Mutter von zwei gesunden Kindern. Ich bin überzeugt davon, dass viele sich nicht trauen, es auszusprechen.«

Und sie erklärt auch, wie sich ihr Umgang anderen gegenüber mit der Zeit verändert hat:

»Zu Beginn habe ich mich öfter geäußert, dass ich unglücklich bin, dann habe ich es mit der Zeit gelassen, da mich niemand verstand und ich häufig kritisiert wurde.«

Die Reaktionen des Umfelds können sich negativ auf die bereuenden Mütter auswirken. Wer nicht von vornherein schweigt, weil er Ablehnung befürchtet, wird durch die verständnislosen und vorwurfsvollen Äußerungen der anderen zum Schweigen gebracht. Viele Menschen scheinen also tatsächlich nichts vom Unglück dieser Mütter wissen zu wollen. Anna führt dies auf das falsche Mutterbild in unserer Gesellschaft zurück:

>>Es ist [...] nicht leicht, mit anderen Personen darüber zu sprechen, dass man als Mutter überfordert ist und dass man auch die kinderlose Zeit herbeiwünscht. Die Gesellschaft geht davon aus, dass Mütter immer glücklich zu sein haben und immer Geduld haben müssen.<<

Mutterbild, Konkurrenzkampf und Mütterterror

Das Mutterbild in unserer Gesellschaft und die extrem hohen Anforderungen, die an Mütter gestellt werden, werden in fast allen Fragebögen von den Frauen thematisiert. Die Themen, die in den Fragebögen am meisten Raum einnehmen und von einigen Müttern auch sehr lang und ausführlich beschrieben werden, sind: der soziale Druck, den Mütter verspüren, der riesige Aufgabenkatalog, den sie abzuarbeiten haben, der Muttermythos der stets glücklichen, perfekten, fürsorglichen Mutter, der Umgang mit Müttern in der Gesellschaft.

Als belastend empfinden einige Mütter, dass Mutterschaft stets als großes Glück dargestellt wird und dass daraus auch der Zwang resultiert, immer glücklich wirken zu müssen, selbst wenn man es nicht ist. Claudia sagt dazu:

>>Ich hatte immer das Gefühl, ich MUSS glücklich sein – so zumindest wurde es von mir erwartet (von der Gesellschaft).<<

Barbara äußert sich hier ganz ähnlich:

»Außerdem ist es ein Tabu zu sagen, dass man es bereut, Mutter zu sein, in einem Umfeld, das Kinder immer als das Lebensglück schlechthin bezeichnet, das Familie als das Wichtigste und Erstrebenswerteste im Leben einer Frau ansieht.«

Barbara sieht das gesellschaftliche Mutterbild als Zumutung für Frauen an und verspürt deshalb auch Wut. Und auf die Frage, ob sie Schuldgefühle oder ein schlechtes Gewissen hat, weil sie ihre Mutterschaft bereut, erklärt sie:

»Nein, weil es inzwischen fast als eine Anmaßung anmutet, welchem Bild wir als Frauen zu entsprechen haben. Das fängt bei unserem Benehmen, Verhalten und Eigenschaften an. Es schließt unsere Interessen, die wir bevorzugen sollten, unsere Sexualität bis hin zu unserem für meine Augen krank machenden Schönheitsideal ein. In diesem Fall empfinde ich die Gesellschaft als zutiefst egoistisch, dass sie diese Erwartungen an uns stellt. Hier habe ich kein schlechtes Gewissen, hier spüre ich eine tiefe Wut, aber auch eine große Traurigkeit.«

Barbara sieht das Phänomen Regretting Motherhood also nicht isoliert, sondern als Teil und Resultat einer in weiten Teilen immer noch frauenfeindlichen Gesellschaft. Sie erkennt die Zusammenhänge zwischen ihrer Reue, dem Muttermythos und dem Mutterbild und weiterer patriarchaler, frauenverachtender Strömungen und Einflüsse in unserer Gesellschaft. Durch diese kluge Reflexion der Stellung der Frauen und den Auswirkungen auf ihr eigenes Leben hat Barbara die Ursachen für das Bereuen der Mutterschaft erkannt und sucht den Fehler nicht bei sich. Somit muss sie immerhin nicht auch noch – anders als die meisten anderen Mütter – ständige Schuldgefühle ertragen. Und so formuliert sie auch ihre Wünsche:

>Ich persönlich wünschte mir zutiefst ein anderes Frauen- und Mutterbild. Ein Frauenbild, das uns auch zugesteht, eigenständig, selbstverantwortlich und selbstbewusst zu sein, das uns Mut macht, auch unseren eigenen Weg zu gehen und etwas aus uns zu machen. Ein Frauenbild, das uns nicht nur als lieb, nett, hübsch und fürsorglich darstellt.«

Auch Katja äußert sich kritisch bezüglich des Mutterbilds, wenn es um die Frage geht, was sich in der Gesellschaft ändern müsste, damit sie als Mutter zufriedener wäre:

>Meiner Meinung nach müsste sich die Gesellschaft und das öffentliche Bild einer Mutter ändern. Es müssen nicht immer nur Vorzeigemütter gezeigt werden, es muss nicht immer erwartet werden, dass eine Mutter ihr Kind immer, damit meine ich in jeder Situation, liebt, und es darf diese strengen ungeschriebenen Regeln nicht mehr geben. Wenn du jenes nicht tust, bist du eine schlechte Mutter. Du musst mit deinem Kind zum Babyschwimmen, Krabbelgruppe, PEKiP. Und was sich auch ändern muss, ist dieser ständige Konkurrenzkampf unter Müttern, denn das setzt einen noch mehr unter Druck.«

Damit geht Katja in ihrer Kritik noch einen Schritt weiter, denn sie zeigt auch auf, wie Mütter sich gegenseitig tyrannisieren und das falsche, verklärte Mutterbild mittragen und weitergeben. Dieses Phänomen der mangelnden Solidarität, des Konkurrenzkampfes und der gegenseitigen Kritik unter Müttern wird in den meisten Fragebögen angesprochen und von einigen Müttern sehr detailliert beschrieben. Diesen Umgang von Müttern mit anderen Müttern habe ich als Mütterterror bezeichnet in meinem 2012 erschienenen Buch *Mütterterror – Angst, Neid und Aggressionen unter Müttern*[61].

Marta spricht darüber, wie diese Kritik berufstätige Mütter trifft, und antwortet auf die Frage, was sich in der Gesellschaft ändern müsste, damit sich ihre Situation verbessert:

> »Kein Hinterfragen, muss diese Mutter arbeiten und welche Probleme werden sich hieraus für die Familie ergeben. Arbeitende Mütter sollen nicht als geldgeil und erziehungsfaul hingestellt werden und deren Kinder somit als schlecht erzogen.«

Die Kritik kommt nicht ausschließlich von Müttern. Ab dem Moment, wo eine Frau ein Kind bekommt – häufig schon ab der Schwangerschaft – meint, so beschreiben es viele Mütter, jede und jeder, ein Anrecht darauf zu haben, sie mit ungebetenen Ratschlägen zu überhäufen, ihre Entscheidungen permanent zu hinterfragen und ihr Verhalten in einer direkten, aggressiven und übergriffigen Art und Weise zu kritisieren, wie dies bei sonst keinem anderen Menschen der Fall ist. Mütter stehen ununterbrochen am Pranger. Auch Anna wünscht sich einen anderen Umgang mit Müttern und beantwortet die Frage nach möglichen Veränderungen, die zu weniger Unzufriedenheit auf ihrer Seite führen würden, mit:

> »Dass nicht jeder alles besser weiß!!! Jeder glaubt, weil er selbst mal Kind war oder sogar welche hatte, dass nur sein Weg der richtige Weg ist. Das nervt, von vielen Seiten ständig mit Blicken und Kritik konfrontiert zu sein.«

Auch bei der Frage, was sie am meisten an der Mutterrolle belastet, beschreibt Anna die ungebetenen Ratschläge anderer:

»Und dass jeder Ratschläge gibt [belastet mich]. Leute haben keine Kinder und geben dir Ratschläge bezüglich deiner Kinder. Eigentlich belastet mich die Gesellschaft sehr, wenn ich das jetzt versuche zu reflektieren.«

Daher gehen die Kinder von Anna beispielsweise auch nicht so lange in den Kindergarten, wie es aus beruflichen Gründen nötig wäre:

»Sie sind fünf Tage in der Woche im Kindergarten – bis 15 Uhr. Würde ich sie länger lassen, würde ich schief angeschaut werden, dass ich so kleine Kinder so lange im Kindergarten lasse.«

Die Kinder werden deshalb oft von Annas Mutter aus dem Kindergarten abgeholt und von ihr betreut, bis Anna sie abholen kann.

Auch Carina fühlt sich insbesondere als berufstätige Mutter den Blicken und der Kritik ausgesetzt:

»In unserer Gesellschaft wird so viel erwartet, gerade wenn man Mutter ist. Da wird man schon schief angeschaut, wenn man mal nicht mit zum ›Mama-Papa-Kind-Grillen‹ mitgeht, weil man arbeiten muss bzw. später kommt. Da hat man seinen Stempel weg.«

Barbara ist vor allem von den anderen Müttern genervt und beschreibt, wie diese noch die traditionellen Geschlechterrollen durch ihr Verhalten festigen:

»Tatsächlich sind hier die Mitmütter oft die schlimmsten Kritiker und Neider. Das kann richtig wehtun. Spielt man nicht mit, dann wird man ausgeschlossen aus der lieben, netten Schwesterngemeinschaft. Und davon bin ich inzwischen ziemlich genervt. So nach dem Motto ›Wir Frauen sind halt so und du musst auch so sein‹. Des Weiteren glaube ich auch, dass man als Mutter in die sogenannte Selbermachfalle gerät. Nur das, was alles selbst gemacht wird, ist gut. Da braucht es aber oft eine Zeit lang, bis man das erkennt.«

Barbara beschreibt hier auch sehr anschaulich, womit sich Mütter häufig gegenseitig unter Druck setzen: mit dem Selbermachwahn. Alles, was von den Müttern nicht selbst gebastelt, gebacken oder gekocht ist, wird als schlecht dargestellt und wirft ein negatives Licht auf die entsprechende Mutter. Dahinter steckt der Verdacht, dass eine Mutter, die sich »Zeit sparen« will, indem sie die Taufeinladungen kauft, statt sie selbst zu basteln, sich ihre Mutterrolle schön gemütlich einrichten will, faul ist und nicht mit genügend Liebe ihren mütterlichen Aufgaben nachgeht.[62] Wer hier nicht mitspielt, fühlt sich schnell ausgeschlossen – so wie Barbara es beschreibt. Auch Carina hat das Gefühl, nicht dazuzugehören:

»Wenn andere Mütter mit stolzer Brust kommen und die neuesten Errungenschaften für ihren Sprössling zeigen – kann ich mithalten oder nicht? Eher nicht, da ich nix ansparen konnte. Auch bei Elternabenden ... alles glückliche Familien und Eltern, ich fühle mich fehl am Platz.«

Es geht also auch immer um den Vergleich mit anderen Familien, anderen Kindern und anderen Müttern. Dieser Konkurrenzkampf, der Kinderwagenwettlauf und das ständige Vergleichen, ist die permanente Suche nach dem Haar in der Suppe. Der Blick auf Mütter ist sehr defizitorientiert, und zwar nicht nur der Blick von außen auf eine Mutter, sondern auch ihr eigener Blick auf sich selbst. Beim Vergleichen mit anderen Müttern muss zwangsläufig jede Mutter schlecht abschneiden. Denn sie weiß um ihre eigenen »Verfehlungen« und wo sie den Ansprüchen, die man an Mütter stellt, nicht gerecht wird. Nach außen stellen sich jedoch alle Frauen als perfekte und glückliche Mütter dar. So sehen die Mütter die perfekten Masken der anderen und vergleichen sie mit sich selbst und ihrem eigenen Innenleben. Carina hat Selbstzweifel, aber aus ihrer kurzen Beschreibung wird auch deutlich, dass sie bewusst oder unterbewusst beginnt, an dem Theaterstück, das all die vermeintlich großartigen und glücklichen Mütter aufführen, zu zweifeln:

> »Im Großen und Ganzen kann ich sagen, dass ich völlig ausgelaugt bin und mich frage, was ich falsch mache. Andere Mütter schaffen alles und sehen blendend aus. Komisch.«

Dass andere Personen stets alles besser wissen und die Mütter mit Ratschlägen überhäufen, verunsichert diese zunehmend. So schildert Katja, wie sie ihr Gespür für das, was richtig oder falsch ist oder was ihren Bedürfnissen und den Bedürfnissen ihrer Tochter am ehesten entsprechen würde, verliert, wenn andere ihr sagen, was sie tun soll. Sie fühlt sich besonders unwohl, wenn sie mit anderen Müttern zusammen ist, und vermeidet diese Situationen sogar ganz bewusst:

> »[Ich] habe dann das Gefühl, eine Maske aufsetzen zu müssen und Friede, Freude, Eierkuchen spielen zu müssen. Allgemein, wenn ich das Gefühl habe, beobachtet zu werden. Ich hab dann Sorge, dass ich in den Augen der anderen etwas falsch

mache, obwohl ich weiß, dass ich alles richtig mache. Nur jeder hat dann einen gut gemeinten Rat für mich und ich kann diesen Satz ›Mach das doch mal so oder so‹ nicht mehr hören. [...] Sobald andere dabei sind, versteife ich mich und habe das Gefühl, nicht mehr zu wissen, was ich tun muss, beziehungsweise ich höre nicht mehr auf mein Bauchgefühl.«

Und ebendiese Verunsicherung und das Gefühl der Hilflosigkeit, was durch die ständigen Vorgaben und Ratschläge ausgelöst wird, führen dazu, dass manche Mütter nicht mehr wissen, was sie tun sollen. Daraus resultiert auch ein Teil der Unzufriedenheit bei Müttern. Marta zeigt auf, wie sich diese Unsicherheiten auf ihr Wohlbefinden auswirken:

»Ich bin oft sehr verzweifelt und weiß nicht, wie ich meine Aufgabe als Mutter erfüllen soll, wie ich die Kinder erziehen soll.«

Doch statt der ständigen Beobachtung und Bewertung und Verurteilung von außen wünschen sich die Mütter Verständnis, Wertschätzung und Anerkennung. Marta fordert deshalb:

»Ich will Anerkennung für meine Leistung als Mutter und Angestellte. Im Bestfall Unterstützung oder zumindest Verständnis für mich und keine Verurteilung.«

Der Wunsch nach Anerkennung ist völlig verständlich. Das Bedürfnis nach Anerkennung gehört zu den Grundbedürfnissen eines Menschen. Deshalb sind Menschen auch bereit, sehr viel für Anerkennung oder nur die Aussicht darauf zu tun – zum Beispiel Kinder zu bekommen – wie die Geschichte von Barbara zeigt:

»Für mich persönlich war das erste Kind eine große Frustration. Ich hatte immer das Gefühl, versagt zu haben. Vielleicht wollte ich auch deswegen noch andere Kinder, damit ich beweisen konnte, dass ich auch eine gute Mutter sein kann. Heute sehe ich das anders. Ich würde heute kein Kind mehr bekommen, damit ich mir mein Selbstwertgefühl mit dem Muttersein stärken kann. Natürlich bin ich nicht mit der Pistole im Rücken dazu gezwungen worden, eine Familie zu gründen und Mutter zu sein. Ich bin aber in einem Umfeld aufgewachsen, das in meinen Augen sehr unterstützt hat, dass es für eine Frau wohl absolut erstrebenswert ist, Mutter zu werden. Auch wenn ich auf der anderen Seite erlebt habe, dass die Mütter sich eigentlich nur aufgeopfert haben. Ich dachte wohl, das müsste so sein, damit man Anerkennung bekommt.«

Reue und Schuldgefühle

Bei den meisten Müttern kam die Erkenntnis, dass sie es bereuen, Mutter geworden zu sein, nach und nach im Laufe der Monate und Jahre. Einige wussten bereits vor der Geburt oder zumindest ab dem Zeitpunkt der Geburt, dass sie kein Kind wollen, sich als Mutter nicht wohlfühlen würden, oder sie konnten sich nicht über die Geburt freuen. So erging es auch Claudia:

»Er war ein Wunschkind. Ich hatte eine wunderschöne Schwangerschaft und freute mich total aufs Baby. Wie alle Mütter malte ich mir aus, wie das Leben mit Baby sein wird ... Ich hatte eine sehr seltsame Entbindung mit Komplikationen. Bereits kurz nach der Entbindung konnte ich mich gar nicht übers Kind freuen. Es war, als hätte jemand eine Off-Taste an mir betätigt.

Ich verspürte kein Glücksgefühl, hatte nicht das Bedürfnis, das Kind zu tragen oder an mich ranzulassen.«

Nina schreibt sogar, dass sie von Beginn an keine Kinder wollte, es aber einfach zum Leben dazugehört hätte, zwei Kinder zu bekommen. Häufiger wird jedoch beschrieben, wie das Gefühl des Bereuens zunächst vorsichtig aufflackerte und dann mit der Zeit immer stärker wurde. Die Mütter schildern, dass sich das Gefühl erst nach und nach langsam eingestellt hätte und es meist keine bestimmte Schlüsselsituation gab. Marta beschreibt, welche Gefühle noch vor dem Bereuen selbst bei ihr auftraten:

»Aus dem Angst-Frustrations-Überforderungs-Hilflosigkeitsgefühl wurde das Bereuen.«

Es dauert meist eine Weile, bis die Mütter spürten: Ja, ich bereue es, ein Kind bekommen zu haben und nun Mutter zu sein. Dies liegt sicher auch daran, dass es eben ein großes Tabu in unserer Gesellschaft ist und dass es bereits sehr schwierig für die eigene Psyche auszuhalten ist, sich dieses Gefühl selbst einzugestehen. Auch geht aus den Darstellungen der Mütter hervor, dass die meisten sehr verwundert darüber sind und sich nicht erklären können, weshalb sie ihre Mutterschaft einerseits bereuen und ihre Kinder andererseits sehr lieben. Das Zulassen dieser Ambivalenz ist eine psychische Leistung, die ein Mensch erst einmal vollbringen muss. Deshalb ist es auch nicht ungewöhnlich, dass viele Mütter zunächst nur kurzzeitig so empfinden oder ein schwaches Reuegefühl bemerken, das dann stärker wird. So wie bei Carina:

»Die Gedanken des Bereuens kommen immer nach und nach und werden immer stärker.«

Oder wie Katja, bei der die Gedanken an ein Leben ohne ihre Tochter immer häufiger auftreten:

»Doch trotzdem kam kurz der Gedanke auf: Wenn sie jetzt stirbt, dann bist du keine Mutter mehr, dann hast du keine Verantwortung mehr. Doch den Gedanken habe ich schnell beiseitegeschoben. Doch von da an kamen mir immer häufiger die Gedanken, was wäre, wenn die Kleine nicht mehr da ist. Um Gottes willen, ich wollte ihr nie, nie, niemals etwas antun, ich habe ihr auch niemals den Tod gewünscht, ich dachte einfach nur, was wäre, wenn sie nicht mehr da wäre, einfach ›Puff‹, und ich bin keine Mutter mehr und es hat sie niemals gegeben. Dieser Gedanke macht mich irgendwie glücklich, aber auch traurig zugleich, denn ich möchte sie nicht verlieren.«

Katjas sehr ehrliche Schilderung ihrer Gedanken verdeutlicht nochmals, wie schwierig es sein muss, sich diese Gedanken und die ambivalenten Gefühle selbst einzugestehen. Barbara erklärt:

»Ich denke, dies zu bekennen, ist richtig schwierig. Das Bild, welches man von sich gemacht hat, bricht hier einfach zusammen.«

Diesen Prozess der Selbsterkenntnis beschreibt Barbara auch als Antwort auf die Frage, ob sie Schuldgefühle oder ein schlechtes Gewissen hat:

»Jein, ja, weil es zunächst fast wie ein Schock ist, wenn du dir das erste Mal bewusst eingestehst, dass du dir auch ein Leben ohne Kinder vorstellen könntest. Wenn du dir eingestehen musst, dass dein Entschluss vielleicht aus einer anderen Quelle gespeist war als denen, die du vermutet hast, wenn du feststellst, dass du dich vielleicht sogar selbst belogen hast mit der Behauptung, eine glückliche Mutter und Ehefrau zu sein. Wenn du spürst, dass dir die ganze Fürsorgearbeit in diesem Ausmaß eigentlich viel zu viel ist, dich erschöpft und dir auch eine Bestätigung in anderen Bereichen fehlt.«

Barbara hat insbesondere Schuldgefühle, weil sie sich einst für Kinder entschieden hat und glaubte, tatsächlich Kinder zu wollen. Nun hat sie durch die Erfahrung mit Kindern und in einem jahrelangen Prozess der Selbsterkenntnis herausgefunden, dass sie aus den falschen Gründen Kinder wollte, dass es nicht um die Kinder dabei ging. Sie hat sich selbst etwas vorgemacht, hat sich eingeredet, dass Kinder glücklich machen und zum Leben dazugehören und ihren Selbstwert steigern. Nun hat sie erkannt, dass sie ihre eigenen Wünsche und Bedürfnisse gar nicht kannte, weil diese verschüttet waren, und sie falsche Annahmen bezüglich des Lebens mit Kindern und der Bedeutung von Kindern für ihr Leben hatte.

Da Barbara aber sehr gut ihre Motive und die gesellschaftlichen Einflüsse reflektiert, spricht sie auch davon, dass sie andererseits keine Schuldgefühle hat, sondern wütend ist. Ihre Wut richtet sich gegen die gesellschaftliche Indoktrination und gegen die Muttermythos-Propaganda.

Einige Mütter haben sehr starke Schuldgefühle wie beispielsweise Katja:

»Furchtbare Schuldgefühle habe ich. Manchmal liege ich nachts wach und denke darüber nach, was denn mit mir nicht stimmt. Man sieht und hört doch immer nur, wie glücklich Mütter sind und wie sehr sie in ihrer Rolle aufgehen.«

Wie stark die Schuldgefühle sind, die eine Mutter verspürt, hängt auch sehr damit zusammen, wie omnipräsent das Bild der glücklichen Mutter ist und wie sehr sie dem Muttermythos nach wie vor Glauben schenkt, dass für Frauen das größte Glück ihres Lebens im Kinderbekommen liegt. Das Abweichen der eigenen Empfindungen von diesem Mythos löst Schuldgefühle aus. Gerade da das Bereuen der Mutterschaft ein Tabu ist und kaum darüber gesprochen wird, haben viele Frauen den Eindruck, sie wären ganz allein mit diesen Gefühlen und die stets strahlende und immerzu glückliche Mutter sei der Normalfall.

Auch Anna äußert sich entsprechend auf die Frage, ob sie Schuldgefühle hat:

»Ja – solche Gefühle sind in der Gesellschaft nicht willkommen und darf man nicht offen kommunizieren. Und das führt dazu, dass ich mir denke, ich bin nicht normal und ich bin keine gute Mutter – obwohl meine Kinder eine gute Mutter verdient hätten.«

Anna weiß offenbar oder ahnt, dass es auch andere Mütter gibt, die ihre Mutterschaft bereuen. Sie ist nicht allein mit dem Gefühl, durch die Mutterschaft unglücklich geworden zu sein. Doch obwohl sie erkennt, dass auch andere Mütter in ihrer Lage sind und dies lediglich nicht öffentlich äußern, weil es ein Tabu ist, glaubt sie, nicht normal zu sein.

Dies liegt natürlich auch daran, dass ein existierendes Tabu auch immer den Anschein erweckt, seine Existenz wäre gerechtfertigt. Aus irgendeinem Grund hat Anna Gefühle, die – wie bei vielen anderen Müttern auch – vermeintlich so abscheulich oder gefährlich sind, dass sie nicht geäußert werden dürfen. Es ist nur natürlich, dass man sich schuldig für seine Empfindungen fühlt, wenn man tagtäglich spürt, dass man sich anderen Menschen nicht so zeigen darf, wie man wirklich ist und denkt. Akzeptiert man dieses Tabu und hält seine Gefühle geheim, so ist es nicht verwunderlich, wenn man daraus resultierend ein schlechtes Gewissen für diese Gefühle entwickelt.

Anna erwähnt aber auch etwas, das von mehreren Müttern geäußert wird: Ihre Kinder hätten doch etwas Besseres verdient. Gerade weil diese Frauen zwar ihre Mutterschaft bereuen, aber ihre Kinder sehr lieben, wünschen sie sich, ihre Kinder hätten eine Mutter, die in ihrer Rolle aufgeht und mit ihr glücklich ist. Auch Claudia äußert sich entsprechend über ihren Sohn:

> »Natürlich habe ich ein schlechtes Gewissen ... Ich stehe zwar zu meinen Gefühlen, aber ich finde es nicht fair gegenüber meinem Sohn. Er hat es sich nicht selbst ausgesucht, in die Welt gesetzt zu werden. Er kann nix dafür und verdient [...] dieselbe Liebe seiner Mutter wie alle anderen Kinder auch. Nur bin ich – denke ich – nicht dazu fähig, obwohl ich ihn gern habe.«

Claudia zweifelt hier sogar an ihrer Mutterliebe. Da sie an anderer Stelle erwähnt, ihren Sohn zu lieben, bleibt offen, ob sie ihn liebt oder nur gern hat.

Ein schlechtes Gewissen stellt sich bei den Müttern jedoch nicht nur deshalb ein, weil sie das Gefühl haben, nicht normal zu funktionieren so wie all die Vorzeigemütter aus den Medien und wie viele andere Mütter auch nach außen glauben machen wollen. Viele übernehmen auch die Ansprüche, die an sie gestellt werden, und formulieren sie als eigene Ansprüche sich selbst gegenüber, die sie zu erfüllen haben. Sie unterwerfen sich dem Wertesystem, in welchem eine Mutter einen unendlich langen Aufgabenkatalog abzuarbeiten und völlig altruistisch ihre eigenen Bedürfnisse hintanzustellen hat.

Verantwortung und Überlastung

Das schlechte Gewissen, das sich bei fast jeder Mutter daher automatisch einstellt, wenn sie den Anforderungen nicht genügen kann und sich immerzu als scheiternd und defizitär erlebt, ist für Katinka auch gleichzeitig die größte Belastung durch die Mutterrolle. So antwortet sie auf die Frage, was sie am meisten an der Mutterrolle belastet:

>»Dass man immer zu funktionieren hat, ein fast immer schlechtes Gewissen, den Anforderungen, die man an sich selbst stellt und gestellt bekommt, nicht zu genügen.«

Die häufigsten Punkte, die als besonders belastend und als Hauptursachen für das eigene Unglück bezüglich der Mutterschaft genannt werden, sind jedoch die permanente Verfügbarkeit und die Verantwortung für einen anderen Menschen. Häufig wurden zudem die beruflichen Nachteile und die schwierigere finanzielle Situation angeführt. Bei der Schilderung der zeitlichen Beschränkungen und der dauernden Abrufbereitschaft sind die von den Müttern gewählten Formulierungen interessanterweise sehr ähnlich. So schreibt Anja als Antwort auf die Frage, was sie am meisten belastet:

>»24 Stunden funktionieren und da sein, meine Bedürfnisse und Gefühle spielen keine Rolle mehr. Mein eigenes Leben liegt komplett auf Eis.«

Anna beschreibt außerdem, was sie in der Zeit, die sie für das Kind aufwenden muss, lieber tun würde: schlafen. Sie schreibt:

>Schwierig war die erste Zeit. Es war mir zu viel, das Buzzi [Kind] ständig auf mir zu haben. Ich wollte manchmal einfach nur schlafen. Ich wollte manchmal einfach ein Leben wiederhaben, aber das ging nicht. Ich konnte nichts damit anfangen, dass ich mich 24 Stunden um ein Baby kümmern muss. Ich wusste nicht, was ich machen soll. Auch die Kleinkindzeit war sehr schwierig für mich – ich konnte mich nicht stundenlang und mit Geduld mit meinen Kindern beschäftigen.«

Gerade in den ersten Jahren, wenn die Kinder sehr viel Aufmerksamkeit brauchen, kommen die Belange der Betreuungsperson häufig zu kurz. Sie hat keine Zeit mehr für sich. Die Formulierungen »24 Stunden für das Kind da sein müssen« oder »mir fehlt Zeit für mich« fallen in fast jedem Fragebogen. Auch Melanie schildert, dass es ihr zu viel ist, ununterbrochen für das Kind da zu sein:

>Ich kann mich nicht damit abfinden, dass ich sieben Tage die Woche und 24 Stunden am Tag Mama bin. Ich muss auch mal raus und brauche Zeit für mich.«

Sehr detailliert erläutert Katja, was es für sie bedeutet, Zeit mit dem Kind verbringen zu müssen und sich dabei stets nach freier Zeit für sich selbst zu sehnen:

>Manchmal habe ich keinen Spaß daran, mit meiner Tochter zu spielen, und täglich ist es immer nur ein Warten, dass sie endlich wieder schläft. Morgens, wenn wir aufstehen, sehne ich den Mittagsschlaf herbei. Mittags hoff ich nur, dass es bald Abend

ist und die Kleine endlich wieder in ihr Bett kommt. Kurzum: Mich belastet das ständige Präsent-sein-müssen und nie zur Ruhe kommen zu können. Selbst wenn ich im Bett liege, horche ich immer nach dem Babyfon und kann nie richtig tief und vor allem durchschlafen. Es ist nicht die Verantwortung an sich, die mich belastet. Es ist ganz schwer zu erklären. Ich fühle mich einfach eingeengt und erdrückt und möchte am liebsten alles wieder wie früher haben.«

Während Katja sich vor allem durch die ständige Präsenz, die abverlangt wird, eingeengt fühlt und nicht die Verantwortung an sich als belastend erlebt, bezeichnen viele Mütter aber auch ebendiese Verantwortung als das, was sie an der Mutterrolle am meisten unglücklich macht. Patrizia stellt dar, was sie unglücklich macht:

»Mich macht die Isolation in der Mutterrolle unglücklich, die null Unterstützung, die mangelnde finanzielle Absicherung, die alleinige Verantwortung im Alltag, keine Perspektive zu haben.«

Patrizia ist alleinerziehend und schildert entsprechend auch die größten Schwierigkeiten, die insbesondere bei Alleinerziehenden auftreten. Doch auch Claudia benennt die Verantwortung als Belastungsfaktor. Dabei lebt sie mit ihrem Mann zusammen.

»Am meisten belastet es mich, für ein Kind Verantwortung zu tragen. Als er klein war, wegen den vielen Entscheidungen, die ich für ihn bezüglich der Gesundheit treffen musste – jetzt, wo er größer ist, mache ich mir Sorgen um seine Zukunft, da er eben ›anders‹ ist. [...] Ich vermisse die Zeit, in der ich nur für mich selbst verantwortlich war.«

Bei Claudia wiegt die Verantwortung aber auch ungleich schwerer als bei anderen Müttern, da ihr Sohn Beeinträchtigungen hat.

Auch Alexandra führt die ständige Verantwortung als Belastungsfaktor an:

>>Die Verantwortung zu haben, aus einem Kind einen vernünftigen, gesellschaftsfähigen jungen Mann zu machen.<<

Und auf die Frage, was in ihrem Leben anders oder besser wäre, wenn sie keine Kinder hätte, antwortet sie:

>>Ich hätte diese Belastung der Verantwortung für einen anderen Menschen nicht.<<

Barbara formuliert hierzu einen Wunsch:

>>Ich wünschte mir, dass die Verantwortung, dass unsere Kinder zu starken und selbstverantwortlichen Erwachsenen heranwachsen, nicht in erster Linie bei der Mutter liegt.<<

Laura fasst beide Aspekte, zu wenig Zeit für sich selbst zu haben und Verantwortung für einen anderen Menschen zu tragen, unter dem Begriff der >>Freiheit<< zusammen:

>>Die Aufgabe als Mutter überfordert mich und gibt mir das Gefühl, meine Freiheit verloren zu haben.<<

Neben dieser Unfreiheit wird auch die Abhängigkeit – insbesondere vom Partner – als negativ beschrieben. Diese resultiert aus einer finanziellen Unterlegenheit dem Partner gegenüber, aber auch aus beruflichen Einbußen und den Schwierigkeiten, später wieder in den Beruf einzusteigen. Barbara äußert sich hierzu folgendermaßen:

»Ich habe gemerkt, wie wenig Bedeutung man in der Gesellschaft hat, weil man durch das Mutter- und Hausfrauendasein eigentlich nicht mehr wirklich mitreden kann. Ich habe festgestellt, wie abhängig ich bin, insbesondere auch finanziell. Letztlich auch wie schwierig es ist, beruflich wieder Fuß zu fassen und auch ernst genommen zu werden.«

Berufliche Schwierigkeiten durch die Mutterschaft sieht Laura auch in ihrer Branche:

»Gesellschaftlich und besonders im dörflichen Umfeld sollte unbedingt eine höhere Akzeptanz für Mütter entstehen, die sich beruflich verwirklichen wollen. Die Ansprüche an Mütter in kreativen Jobs sollten sich verändern. Keine Mutter in der Kreativbranche kann das leisten, was Kollegen leisten, die den Kopf freier haben.«

Und auch Carinas Schilderungen ihrer Lage und ihrer Sorgen ähneln denen von Laura und Barbara:

»Dennoch sehe ich gerade, wie meine gesammelten Erfahrungen im Beruf verschwinden, ich große Komplikationen haben werde, wieder Fuß zu fassen. Außerdem hocke ich daheim und bin Hausfrau – nicht für mich gemacht. Anerkennung vom Vater der Kleinen – Fehlanzeige. Da kommt dann stets die Erkenntnis: Allein und ohne die Kleine wäre ich besser dran.«

Neben den beruflichen Schwierigkeiten, die sie belasten, spricht Carina auch von den vielen verschiedenen Aufgaben einer Mutter, die sie belasten:

»Man ist für alles da. Hausfrau, Köchin, Krankenschwester, Psychiater, Lehrer, Erzieher und noch 1000 andere Berufe ... alles vereint in MAMA. Das zehrt und raubt. Abends gemütlich vorm TV sitzen und ein Glas Wein trinken? Fehlanzeige! Entweder schreit das Kleine und der Vater gönnt sich seine ›wohlverdiente Ruhe‹ am Feierabend oder die Wäsche wartet, gebügelt zu werden, oder eins der Großen braucht noch Hilfe bei den Hausaufgaben. Momentan bin ich daheim im Erziehungsjahr – anscheinend denken alle, ich dreh Däumchen den ganzen Tag. Ich falle jetzt schon tot ins Bett, was wird kommendes Jahr, wenn ich voll arbeite? Außerdem gibt es seitens des Partners null Unterstützung. Selbst die Worte ›du machst das klasse‹ oder ›Na, die Kleine will halt nur zur Mama, weiß eben, was gut ist‹, gehen mir so sehr auf den Keks und sind nicht wirklich eine Ermunterung.«

Der Punkt, den Carina hier zuletzt benennt, dass sie Unterstützung durch ihren Partner vermisst, findet sich in sehr vielen Fragebögen wieder. Viele Männer stehlen sich aus der Verantwortung, überlassen die Kinder der Mutter – schließlich können Frauen das ja viel besser, nicht wahr? Die meisten Mütter kritisieren, dass sie durch ihre Partner zu wenig oder sogar gar nicht unterstützt werden. Auch die alleinerziehenden Mütter geben an, von den Vätern der Kinder kaum Hilfe zu erhalten. Zum Teil werden die Mütter von Freundinnen oder ihren Müttern unterstützt. Doch auch dies geschieht zu selten und manche Mütter können nicht mal auf diese Hilfen zurückgreifen. Anja schreibt:

»Meine Mutter unterstützt mich ab und zu, bevor ich komplett zusammenbreche – sonst niemand.«

Anna sieht das Entstehen ihres Reuegefühls sogar in direktem Zusammenhang mit der mangelnden Unterstützung durch ihren Partner:

»Weiters hat oft die Frau mehr Pflichtbewusstsein und der Mann (war zumindest bei uns so) geht dann oft noch Sport machen – und somit ist wieder die Frau die Person, die zurücksteckt und zu Hause ist. Das war für mich der Zeitpunkt, wo ich das bereut habe. Obwohl ich schon sagen muss, dass der Vater sich sehr wohl um die Kinder gekümmert hat. Aber die Hauptverantwortung ist immer auf mir gelegen.«

Auch wenn es sich also nicht um die völlige traditionelle Rollenaufteilung handelt und die Väter sich nicht komplett aus der Kindererziehung zurückziehen, ändert dies nichts an den grundsätzlichen Verantwortlichkeiten. Vor allem das Vereinbarkeitsmanagement, also das Zusammenführen und Organisieren und Planen aller alltäglichen Aufgaben und Termine der Familienmitglieder, bleibt Aufgabe der Frau.[63] Ähnlich beschreibt es auch Barbara:

»Der Vater meiner Kinder hat sehr wohl auch Aufgaben in der Erziehung oder im Haushalt übernommen. Das ist auf der einen Seite sehr wichtig, aber es ist eigentlich nicht alles. Im Grunde ist es doch so, dass die ganze Organisation der Haushalts- und der Kindererziehung dennoch von der Mutter erwartet wird.«

Die Mütter sehen sich also eigentlich einer Drei- oder Vierfachbelastung ausgesetzt:

1. Der Großteil des Haushaltes wird von ihnen erledigt. In manchen Partnerschaften sind sie sogar allein für den

Haushalt zuständig und erhalten keinerlei Unterstützung vom Partner.

2. Die Kindererziehung obliegt ebenfalls größtenteils ihnen. Die meisten Väter bringen sich zwar mehr oder weniger bei der Betreuung und Erziehung des Kindes oder der Kinder ein, doch letztlich sind es nach wie vor die Mütter, die den Hauptteil dieser Aufgaben leisten und die vor allem die »Leitungsfunktion« innehaben.

3. Das Vereinbaren, Organisieren, Planen, Zusammenführen und Aufeinander-Abstimmen aller Aufgaben und Termine aller Familienmitglieder bezeichnet die Soziologie als Vereinbarkeitsmanagement. Behnke und Meuser haben bereits angegeben, dass dieser Aufgabenkomplex fast immer in die Verantwortung der Mütter fällt.[64] Dies zeigt sich auch in den Fragebögen.

4. Ihr eigenes berufliches Vorankommen, die berufliche Weiterqualifikation, die alltägliche Erwerbsarbeit und der Wiedereinstieg in den Beruf nach einer familienbedingten Auszeit stehen ebenfalls bei den meisten Frauen auf der Agenda.

Zwischen Reue und Liebe

Bei der Analyse der Fragebögen wird deutlich, dass es zwei Gruppen von bereuenden Müttern gibt. Die einen haben von Beginn an Zweifel an ihrem Kinderwunsch oder beschreiben, dass sie eigentlich gar keine Kinder gewollt hätten, sich allerdings dem gesellschaftlichen Zwang gefügt haben oder auch nicht wirklich darüber nachgedacht haben, ob es auch einen alternativen Lebensweg für sie gibt – nämlich kinderlos zu bleiben. Dies liegt auch daran, dass in weiten Teilen Deutschlands – insbesondere in eher ländlichen Regionen – das Leben als (gewollt) kinderlose Frau nach wie vor stigmatisiert und sanktioniert wird und ein großes Tabu ist. Mit diesem Thema beschäftigt sich das nächste Kapitel ausführlicher.

Die andere Gruppe hat nach und nach bemerkt, dass die Entbehrungen und Belastungen, die das Leben mit Kind(ern) mit sich bringt, sie unglücklich machen und so stark ihre eigenen Bedürfnisse und Freiheiten beschneiden, dass sie sich wünschten, sie wären kinderlos geblieben. Hier spielen der Muttermythos und die daraus entstandenen falsch-positiven Erwartungen an ein Leben mit Kind(ern) eine große Rolle. Es war diesen Frauen quasi unmöglich, vor der Geburt des Kindes einen realistischen Eindruck vom Leben mit Kindern und der Mutterrolle zu gewinnen.

Die Mütter in diesem Buch unterscheiden sich zum Teil von den Müttern, die Orna Donath in ihrer Studie befragte. Donath gibt an, dass die Mütter, mit denen sie sich beschäftigt hat, durchgängig folgende Frage verneint haben:

»Wenn du mit dem heutigen Wissen und deinen jetzigen Erkenntnissen die Zeit zurückdrehen könntest, würdest du dich dann (wieder) dazu entschließen, Kinder zu bekommen?«[65]

Dies trifft auf die meisten Mütter, die ich befragt habe, auch zu. Doch rund ein Drittel der von mir befragten Mütter hat diese Frage anders beantwortet. Zwei Mütter äußerten sich ambivalent, unsicher und ausweichend. So antwortet Patrizia:

»Da bin ich mir unsicher. Ich liebe meine Kinder, aber der Preis für sie war in meinem Leben zu hoch.«

Patrizia ist unsicher, ob sie diese Frage tatsächlich mit einem »Nein« beantworten kann, weil sie ihre Kinder liebt und durch diese Ambivalenz verunsichert ist. Auch Katinka kann die Frage nicht mit einem »Ja« oder »Nein« beantworten und gibt an, dass sie es nicht weiß.

Fünf der befragten Mütter antworten zwar mit »Ja« (also sie würden wieder Kinder bekommen), schränken dieses »Ja« jedoch gleichzeitig wieder ein. Carina schreibt:

»Ja, jedoch nicht so zeitig und erst nach einigen Jahren im Beruf.«

Dennoch gibt sie an anderer Stelle an, dass sie ihren Weg bis zum jetzigen Zeitpunkt bereuen würde und dass sie immer wieder denkt, sie wäre ohne ihre Tochter besser dran. Cathrin würde sich anders auf ihr Leben mit Kind vorbereiten wollen und antwortet:

»Ja, aber ich würde mich besser vorbereiten: Traumatherapie vorher beenden, Rauchstopp.«

Doch auch Cathrin schildert an anderen Stellen, wie verzweifelt sie oft als Mutter ist. So erklärt sie, was die Situationen sind, in denen sie sich am unwohlsten fühlt:

»Wenn er weint und ich ihm nicht helfen kann. Wenn ich alles versucht habe und er schreit weiter. Ich habe ihn dann auf dem Arm und höre ihm beim Schreien zu. Versuche, trotzdem für ihn da zu sein, rede tröstend auf ihn ein. Diese Momente sind der Horror.«

An anderer Stelle findet sie ein Sinnbild für ihre Situation, das ebenfalls sehr aussagekräftig ihr Unglück und ihre Verzweiflung aufzeigt:

»Ich fühle mich wie ein Hamster in einem Rad. Bloß nicht aufhören zu treten, sonst rutschst du ab und weißt nicht, wie tief.«

Dass sie sich dennoch von dem Traum, ein glückliches Leben mit Kind zu führen, nicht lösen kann und der Muttermythos bei ihr sehr wirkungsmächtig ist, überrascht sie selbst:

> »Das Abstruse an dem Ganzen ist, das ich immer noch einen Kinderwunsch habe nach einem Geschwisterchen. Und dann ist sie wieder da, die Seifenblase mit dem brabbelnden Baby auf der Krabbeldecke und dem großen Glück. Ich werde aber erst mal kein Kind mehr bekommen.«

Sie beschreibt diese verklärten, positiv aufgeladenen Bilder von einem glücklichen Leben mit Kind selbst als Seifenblase und dass sie sich nicht ganz von diesem Wunsch, diese Blase würde existieren, abwenden kann, als »abstrus«. Letztendlich beschließt sie aber trotz ihrer Hoffnungen und Träume, zumindest vorerst kein Kind mehr zu bekommen.

Zwei weitere Mütter schreiben, dass sie nur noch ein Kind bekommen wollen würden. Beide Mütter haben jeweils zwei Kinder. Sie bereuen nicht die Mutterrolle an sich, sie bereuen, ein zweites Kind bekommen zu haben, obwohl diese zweiten Kinder Wunschkinder waren.

Sieben Mütter geben also an, ihre Mutterschaft nicht zu bereuen oder nicht zu wissen, ob sie diese bereuen, oder sie schränken ihre Aussage ein, indem sie schreiben, dass sie die Mutterschaft nur aufgrund ihrer Lebensumstände bereuen und daher durchaus unter anderen Umständen wieder Kinder bekommen würden. Doch bei all diesen Müttern wird im weiteren Verlauf der Fragebögen deutlich, dass sie dennoch sehr unglücklich und unzufrieden mit ihrem Leben als Mutter und oft verzweifelt durch die Mutterrolle sind. Sie sagen an anderen Stellen durchaus, dass sie es bereuen, Kinder zu haben, und dass sie sich ein kinderloses Leben wünschen würden. Es ist also davon auszugehen, dass zumindest bei einigen dieser Mütter, die die oben genannte Frage nicht ganz klar mit »Nein« beantworten konnten, dennoch davon zu sprechen ist, dass sie es bereuen, Mutter geworden zu sein. Zwei Mütter scheinen durch ihre eigenen ambivalenten Gefühle den Kindern gegenüber verwirrt zu sein und erkennen daher ihr eigenes Bereuen nicht. Sie nehmen offenbar an, dass eine Frau, die ihre Mutterschaft bereut, gleichzeitig auch ihre Kinder nicht lieben kann. Diese Vorstellung ist in der Gesellschaft weitverbreitet. Da diese Mütter ihre Kinder aber lieben, gehen sie im Umkehrschluss davon aus, dass sie ihre Mutterschaft folglich auch nicht bereuen können. Deshalb tun sie sich sehr schwer damit, ausdrücklich zu sagen, dass sie ihre Mutterschaft bereuen. Doch durch die Beschreibungen ihrer Empfindungen der Mutterrolle gegenüber wird deutlich, dass es sich sehr wahrscheinlich ebenfalls um bereuende Mütter handelt.

Natürlich ist es ein schwieriges Gedankenspiel, sich vorzustellen, man wäre wieder einige Jahre jünger, man hätte noch keine Kinder, wäre noch nicht schwanger und wüsste, wie unglücklich man in ein paar Jahren sein wird, wenn man Kinder bekommt. Stellt man sich vor, sich dann gegen Kinder zu entscheiden bzw. dass man sich mit diesem Wissen gegen Kinder entschieden hätte, ist automatisch klar, dass dann die Kinder, die man nun aktuell aber hat, diese Menschen, die man sehr liebt, dann nicht existieren würden. Sicher, man wüsste nicht, dass es sie hätte geben können, und man würde sie dann ja nicht kennen. Aber es genügt, in der jetzigen Situation zu wissen, dass es Menschen gibt, die man sehr liebt, und dass man sie sich mit der Aussage »Ich würde mit diesen Erkenntnissen in der Vergangenheit nicht wieder Kinder bekommen« regelrecht wegwünschen würde.

Dieses Gedankenspiel ist und bleibt ein hypothetisches. Und ob die Antwort auf diese Frage, ob sie sich mit ihrem jetzigen Wissen in der Vergangenheit wieder für Kinder entscheiden würden, nun »Nein« oder »Ich weiß nicht« oder »Ja, aber …« lautet, ist letztlich nicht kriegsentscheidend: Es gibt keine feste Formel für »die« bereuende Mutter. Letztendlich legen wir selbst fest, was unser Kriterium sein soll, das eine Mutter erfüllen muss, damit wir sie zu dem Phänomen Regretting Motherhood zählen. Man könnte all diejenigen Mütter hinzuzählen, die sagen: »Mein Leben als Mutter ist unglücklich und ich wäre ohne Kinder glücklicher.« Oder man könnte ein härteres Kriterium anlegen und sagen, eine wirklich bereuende Mutter würde sich aus ihrer unglücklichen Lage befreien, indem sie ihre Kinder zur Adoption freigibt oder beim Vater oder den Großeltern aufwachsen lässt. Doch durch die bereits angesprochene Ambivalenz dieser Mütter, die Mutterrolle unerträglich zu finden und ihre Kinder gleichzeitig sehr zu lieben, bleiben auch diese Versuche, ein eindeutiges Kriterium zu finden, am Ende nutzlos.

Es lässt sich kein Messinstrument erfinden, das uns eine klare Unterscheidung zwischen Müttern, die ihre Mutterschaft bereuen, und jenen, die sie nicht bereuen, ermöglicht. Dieser Umstand unterstützt meine eingangs vorgebrachte These, es handele sich bei der Zufriedenheit mit der Mutterrolle um ein Kontinuum mit zwei Polen. Es gibt eben nicht nur zwei Gruppen von Müttern. Alle Mütter bewegen sich bezogen auf ihr Wohlbefinden mit der Mutterschaft zwischen diesen zwei Polen. Der eine Pol stellt das eine »Extrem« dar. Es sind die Mütter, die vollkommen in ihrer Rolle aufgehen und glücklich sind. Am zweiten Pol am anderen Ende des Kontinuums befinden sich die Mütter, die völlig unglücklich durch die Mutterschaft sind und es absolut bereuen, Mutter geworden zu sein. Dazwischen befinden sich die meisten Mütter.

VI. Kinderlose unter Druck

Der Mythos, die Mutterschaft würde eine Frau in jedem Fall absolut glücklich machen, wirkt sich nicht nur auf Mütter aus. Kinderlose Frauen werden mit diesem Mythos ebenfalls stark unter Druck gesetzt. Von der Gesellschaft wird ihnen gegenüber die Mutterschaft als einzig sinnvolle Lebensform von Frauen dargestellt. Denn der Zusammenhang zwischen Mutterschaft und Glück, wie er von den Medien und der Gesellschaft behauptet wird, funktioniert in zwei Richtungen. Einerseits beinhaltet der Muttermythos die Vorstellung, alle Frauen könnten durch die Mutterschaft in einen permanenten Zustand der Zufriedenheit und Glückseligkeit gelangen. Andererseits gehört zum Muttermythos aber auch der Aspekt der Ausschließlichkeit dazu: Frauen können eben auch NUR über die Mutterschaft tatsächlich glücklich werden. Mutterschaft wird als der speziell weibliche Glücksgarant beschrieben.

Im Umkehrschluss bedeutet dies selbstverständlich, dass Frauen, die keine Kinder bekommen, unzufrieden sein müssen und nie wirklich glücklich sein können. Das bisschen Glück, das sie vielleicht aus ihrer Berufstätigkeit, ihrer Familie, dem Freundeskreis, Freizeitaktivitäten, Haustieren, Ehrenamt und Hobbys etc. ziehen können, stellt laut Muttermythos keinen Vergleich zu dem Glück dar, das Frauen aus der Mutterschaft ziehen können.

Sanfte Erpressung

Viele Frauen berichten entsprechend, dass sie ab einem Alter von ungefähr Mitte 20 vermehrt von ihrer Umwelt, ihrer Familie, ihren FreundInnen und Bekannten, ihren ArbeitskollegInnen oder auch NachbarInnen auf ihre Kinderlosigkeit angesprochen werden. Je älter die Frauen werden, umso häufiger werden die Fragen und Kommentare aus dem Umfeld. Den Höhepunkt erreicht diese Form der Einmischung in die Lebensplanung, wenn Frauen Mitte 30 sind. Meist findet dies in Form eines »Ausfragens« statt. Kinderlose Frauen ab Mitte 20 bekommen verstärkt zu hören:

- »Wie lange bist du denn schon mit deinem Freund zusammen?«

- »Steht bei euch vielleicht bald Nachwuchs an?«

- »Bist du immer noch Single?«

- »Wie steht's denn mit Enkeln?«

- »Wollt ihr nicht langsam mal über eine Familiengründung nachdenken?«

- »Ist bei euch denn nichts Kleines geplant?«

- »Wann ist es denn bei euch endlich so weit?«

Oder auch in Aussageform:

- »So langsam wird's aber Zeit.«

- »Deine biologische Uhr tickt doch schon.«

- »Gebt euch einen Ruck. Kinder sind etwas Großartiges.«

- »Ihr seid doch jetzt genau im richtigen Alter …«

- »Man sollte nicht zu spät Kinder bekommen.«

- »Wenn ihr zu lange wartet, klappt es irgendwann vielleicht nicht mehr.«

Je älter Frauen werden, desto öfter und penetranter werden sie mit diesem Thema konfrontiert. In vielen Familien sorgt insbesondere eine Frau, die Anfang 30 ist und immer noch oder schon wieder Single ist, für große Besorgnis. Man kann also deutlich spüren, dass nicht etwa (nur) subjektiv betrachtet für diese Frauen ihre »innere Uhr tickt«. Das gesamte Umfeld fiebert regelrecht mit, rechnet mit, macht sich Gedanken, wann die kinderlose Freundin, Tochter oder Nichte einen Partner gefunden haben oder mit der Kinderplanung loslegen müsste, damit es nicht irgendwann zu spät ist.

Wenn Frauen tatsächlich keine Kinder bekommen wollen und dies auch so äußern, ernten sie schnell Unverständnis. Allein der Ausspruch »Ich bin mir nicht sicher, ob ich jemals Kinder haben möchte« kann eine Gesprächsrunde mit Verwandten oder FreundInnen aufheizen. Dass eine Frau sich bewusst gegen Kinder entscheidet, dem Beruf, ihrem unbeschwerten Leben den Vorzug gibt, sich nicht mit der Aufzucht von Kindern belasten möchte – das ist für viele nicht nachvollziehbar.

Bisweilen werden Frauen, die bewusst kinderlos bleiben wollen oder bereits offensichtlich geblieben sind, sogar angefeindet, ausgegrenzt, lächerlich gemacht und diskriminiert.

Schnell werden die Adjektive »karrieregeil« und »egoistisch« aus dem Hut gezaubert, man bezeichnet die Frauen als unreif, verantwortungsscheu und -los, vergnügungssüchtig. Wie kann eine Frau nur ihre persönlichen Wünsche, Freiheit und Unbeschwertheit über den Kinderwunsch stellen? Interessanterweise wird Männern, die sich aus »egoistischen« Motiven gegen Kinder entscheiden, dieser Vorwurf deutlich seltener gemacht ...

Kinderlosigkeit ist Frauensache

Dieses Unverständnis für eine solche Lebensentscheidung und die Unfähigkeit, einen solchen Lebensstil zu tolerieren, existieren nicht erst seit der Moderne. Seit Hunderten von Jahren wird Kinderlosigkeit – insbesondere gewollte Kinderlosigkeit – als etwas Unnatürliches erachtet. So wurden bereits im Mittelalter Kinderlose ausgegrenzt und geringgeschätzt, ja, sogar gefürchtet: »Verbreitet war zum Beispiel die Auffassung, Kinderlosigkeit als einen Fluch zu betrachten, als Folge einer verborgenen Beziehung zum Dämonischen und Unterirdischen [...] oder als göttliche Strafe für die Verbindung zu überirdischen Mächten. [...] Es gab kaum eine andere ›menschliche Unvollkommenheit‹, die so stark mit abergläubischem Zauber und Magie verknüpft wurde: Zauberriten, Zaubergetränke, Wallfahrten, Kräuter und Badekuren sollten Kinderlosigkeit behandeln.«[66]

Interessant ist dabei vor allem, dass zwischen Kinderlosigkeit und Schuld ein Zusammenhang hergestellt wird. Kinderlosigkeit war in der gesellschaftlichen Sicht nicht nur ein Makel, sondern auch ein Fluch, der Menschen traf, die offensichtlich irgendeine Art von Schuld oder moralische Verwerflichkeit auf sich geladen hatten. Und natürlich standen in der patriarchalen Gesellschaft dabei die Frauen im Fokus der Kritik: »Die Strafe fiel auf die Frauen zurück, da ihnen die Ursachen der Kinderlosigkeit einseitig zugeschrieben wurden, sodass sie auch die gesellschaftliche Ächtung in Form von Ausgrenzung oder Verstoßung erfuhren.«[67] Wie viele Frauen über die Jahrhunderte schuldlos unter der Stigmatisierung der Kinderlosigkeit gelitten haben müssen, mag man sich kaum ausdenken.

Und auch heutzutage wird bei dem Thema Kinderlosigkeit und Geburtenrate fast immer auf die Rolle der Frauen verwiesen. In den Medien werden in den letzten Jahren immer wieder folgende Fragen diskutiert:

- Aus welchen Gründen entscheiden sich Frauen für Kinder?

- Woher kommt die gewünschte Kinderlosigkeit bei Frauen?

- Haben die Frauen Angst davor, dass Kinder ihre berufliche Entwicklung hemmen könnten?

- Deutet gewünschte Kinderlosigkeit bei Frauen eine Zunahme an Egoismus an?

- Wie können Frauen wieder dazu bewegt werden, (mehr) Kinder zu bekommen?

Die Rolle der Männer wird gar nicht oder wenig thematisiert. Dass es auch auf sie ankommt, auf ihre Bereitschaft, überhaupt Kinder zu haben bzw. sich in deren Erziehung und Betreuung einzubringen, davon ist wenig die Rede. Kinder zu bekommen oder nicht scheint im öffentlichen Bewusstsein immer noch eine Frauenfrage zu sein. Die »Schuld« an der niedrigen Geburtenrate wird damit den Frauen zugeschoben, und nach wie vor ist die Einstellung weitverbreitet, dass nicht nur das Umsorgen des Nachwuchses, sondern auch die Frage, ob und wann man Nachwuchs zeugt, vollständig in der Verantwortung der Frauen liegt.

»Bei der Betrachtung von Veröffentlichungen zu Einstellungen und Bewertungen kinderloser Frauen und Männer von Anfang des 20. Jahrhunderts bis heute wird deutlich, dass sich die Grundbewertungsmuster wenig verändert haben. Anfang des letzten Jahrhunderts betrachtete die Gesellschaft Frauen, die andere Interessen und Wünsche jenseits der Mutterschaft entwickelten, als gefährlich und minderwertig. Sie wurden pathologisiert als Melancholikerinnen und ihre Bestrebungen als Ausdruck für den Verfall der Sitten betrachtet.«[68]

Vorgeworfen wird Kinderlosen häufig, sie wären selbstbezogen und materialistisch. Nicht selten wird ihnen auch unterstellt, sie interessierten sich nicht für die Gesellschaft und ihre Belange und würden sich antisozial aus ihrer gesellschaftlichen Verantwortung stehlen. Gerne wird dabei auch auf die finanziellen Zusammenhänge zwischen der Geburtenrate und der ökonomischen Situation eines Landes verwiesen. Es herrscht bei solchen Argumentationen oft die Ansicht vor, eine Gesellschaft wäre darauf angewiesen, dass alle Menschen Nachwuchs zeugen, damit die soziale Absicherung in Form von Pensionen und Rentenzahlungen für die älteren Generationen gesichert sei. Das aktuelle Rentensystem setzt tatsächlich auf Nachwuchs – was jedoch noch lange nicht heißt, dass jeder Mensch Nachkommen zeugen muss, damit das deutsche Rentensystem funktioniert. Davon abgesehen wären auch andere Arten der Rentensicherung denkbar. Kinder sind ja nicht nur zukünftige Steuerzahler, die der Gesellschaft Geld einbringen; sie kosten die Eltern und den Staat zunächst auch eine Menge. Es ist nur natürlich, dass man politische Strukturen an gesellschaftliche Veränderungen anpassen muss.

Darüber hinaus gibt es auch im 20. und 21. Jahrhundert eine ganze Reihe von negativen Eigenschaften, die gewollt Kinderlosen zugeschrieben werden: »Bis in die 80er Jahre wurden gewollt kinderlose Personen in Befragungen als ›vom Glück ausgeschlossen‹ wahrgenommen, im Hinblick auf Kompetenz und positive Eigenschaften insgesamt negativer als Eltern beurteilt und als ›selbstbezogene, neurotische oder gesundheitlich schwache Menschen‹ beschrieben. Ferner wurden sie für selbstsüchtig, wenig religiös, wenig glücklich, wenig sensitiv, unreif, wenig fürsorglich und emotional angepasst gehalten, als materialistisch, ehrgeizig und nach Selbstverwirklichung strebend beschrieben und als weniger weiblich oder männlich, unzufriedener mit der Partnerschaft und weniger glücklich und zufrieden für die Zeit nach dem 65. Lebensjahr eingeschätzt. Weiterhin wurden sie als Personen dargestellt, die mit größerer Wahrscheinlichkeit psychische Probleme haben.«[69]

Eigenschaften wie Sensitivität und Fürsorglichkeit werden insbesondere mit der weiblichen Rolle in Verbindung gebracht. Es verwundert also nicht, dass es negative Ansichten über Kinderlose in verstärktem Maße bei kinderlosen Frauen gibt. Kinderlosigkeit ist zumindest im öffentlichen Bewusstsein noch eher mit der männlichen Rolle vereinbar als mit der weiblichen Rolle. Ein kinderloser Mann stellt keinen derartigen Normverstoß oder Affront gegen den Muttermythos dar wie eine kinderlose Frau. Mit einer solchen muss doch einfach etwas nicht stimmen!

Dies zeigt sich auch in Trennungs- bzw. Scheidungssituationen. Ein getrennt lebender Vater, der nach der Trennung/ Scheidung ohne Kinder wohnt, ist gesellschaftlich deutlich akzeptierter als eine Mutter, die nach der Trennung auch von ihren Kindern getrennt lebt. Keine oder kaum Zeit mit Kindern zu verbringen ist bei Männern eine durchaus bekannte und tolerierte Lebensform. Frauen, die keine Kinder haben oder weniger Zeit mit ihren Kindern verbringen als der Vater oder die generell in ihrem Leben keinen Kontakt oder Bezug zu Kindern haben, gelten nach wie vor als unnormal, merkwürdig und unweiblich. In diversen Studien konnten auch im 21. Jahrhundert Stigmatisierungen und Sanktionierungen bei Kinderlosen festgestellt werden.[70]

Und obwohl immer öfter auch in den Medien und der Politik darüber debattiert wird, wie schwierig Beruf und Familie zu vereinbaren sind, fällt es gewollt kinderlosen Frauen dennoch schwer, ihren Entschluss anderen gegenüber zu kommunizieren. Nach wie vor gelten sie mit dieser Lebensform als Außenseiterinnen, als Exotinnen, als »keine echten Frauen«. Frauen müssen Angst haben, in einer Runde mit Freundinnen, Bekannten, KollegInnen oder Familienangehörigen zu äußern, dass sie nicht vorhaben, Kinder zu bekommen, oder diese Entscheidung schlicht noch nicht getroffen haben. Mir haben Frauen von Mitte 20 bis Mitte 30 berichtet, dass sie einen starken Druck verspüren und es unfair finden, dass ein jeder und eine jede glaubt, sich so in ihre Lebensplanung einmischen zu dürfen. Sie fühlen sich permanent in der Rechtfertigungsposition und werden dazu aufgefordert, anderen zu erklären, weshalb sie denn nun partout kein Kind bekommen wollen. Als seien sie dazu irgendjemandem verpflichtet!

Schwierig sei es vor allem, so berichten diese Frauen, dass sie selbst ja den anderen Müttern und Vätern nicht »auf die Füße treten wollen«. Es fällt ihnen also auch schwer, genauer zu begründen, was ihnen an der Mutter- oder Elternrolle nicht gefällt. Sie fürchten, damit das geradezu als »heilig« empfun-

dene Lebenskonzept der anderen – eine Familie zu gründen
– anzugreifen. Dabei liegt ihnen nichts ferner, als das Leben
mit Kindern schlechtreden zu wollen oder den Müttern und
Vätern ihr (vermeintliches) Glück nicht zu gönnen. Sie wünschen sich nur für ihr Leben etwas anderes und möchten in
diesem Wunsch respektiert und toleriert werden, anstatt als
merkwürdig, psychisch krank und unnormal dargestellt zu
werden.

»Trotz aller Nachteile am Nachwuchs bleibt es für eine
Frau schwer, den kinderlosen Lebensplan offensiv und selbstbewusst zu vertreten. Denn Mutterschaft ist immer noch das
Standardschicksal einer Frau. Weigert sich eine, den ›normalen‹ Weg zu gehen, dann werden ihr Makel angedichtet, und
sie bekommt sozialen Druck zu spüren.«[71]

Die ZEIT-ONLINE-Autorin Tanja Dückers attestiert unserer Gesellschaft sogar eine Verschlechterung des Bildes der
gewollt kinderlosen Frau. Sie berichtete 2014, dass kinderlose Frauen ab einem gewissen Alter fast schon zwanghaft auf
ihre Kinderlosigkeit angesprochen und hingewiesen werden.[72]
»[D]ass Kinderlose heute gesellschaftlich mehr geächtet werden als noch vor 30 Jahren, ist beschämend für eine angeblich offene, tolerante Gesellschaft. Kaum eine Frau über 35,
die nicht ständig auf ihr ›Manko‹ angesprochen wird – als
würde ihre Existenzberechtigung vom Nachwuchs abhängen.
Männer bekommen diese inquisitorischen und intimen Fragen
weitaus seltener gestellt. Es werden nur die ›gebärunwilligen‹
Frauen ins Visier genommen.«[73]

Ein enormer Druck lastet auf diesen Frauen, denn in den
Sticheleien und der Kritik schwingt auch mit, dass sie nicht
normal oder sogar psychisch krank wären, wenn sie nicht das
Kinder-Bekommen als größtes Glück für Frauen auf Erden
verstünden.

Druck – das völlig falsche Mittel

Dabei kann doch eigentlich niemandem daran gelegen sein, Menschen, die keine Kinder bekommen wollen, durch derartige Ausgrenzungen und Verachtung dazu zu bewegen, doch noch Kinder in die Welt zu setzen. Wir wollen doch keine Gesellschaft, in welcher sich Menschen gezwungen sehen, Kinder zu bekommen, die bereits von vornherein wissen oder ahnen, dass sie mit diesem Lebensmodell unglücklich werden. Dass sozialer Druck und Zwang, Stigmatisierungen und Abwertungen einen normalen Kinderwunsch quasi ersetzen könnten, ist ein Gedanke, der völlig in die falsche Richtung geht. Insbesondere am Phänomen Regretting Motherhood zeigt sich eben auch, was dieser Druck dann letztendlich – gerade wenn er funktioniert und die Frauen gegen ihren ursprünglichen Wunsch Kinder bekommen – für die Mütter, die Familien und Kinder für negative Auswirkungen hat.

Insbesondere bei einer Entscheidung für oder gegen Kinder (anders als bei einer Entscheidung für oder gegen einen Job oder einen Wohnort oder ein Mietshaus etc.) muss der Gesellschaft doch bewusst sein, dass es eine Entscheidung ist, die nicht revidiert werden kann und die das Leben für Jahrzehnte verändern und prägen wird. Daher ist doch gerade bei dieser Entscheidung von enormer Wichtigkeit, dass sie freiwillig und ohne Druck von außen getroffen wird.

Kinderlosigkeit wird also auch im 21. Jahrhundert zur Frauenfrage gemacht. Die Frauen sind es, die sich rechtfertigen sollen und die unter Druck gesetzt werden. Kinderlosen Frauen wird damit von der Gesellschaft also auch deutlich gemacht, dass die Hauptverantwortung für das Bekommen und Erziehen von Kindern weiterhin bei ihnen gesehen wird. Dadurch können auch Kinderlose erahnen, was sehr wahrscheinlich nach der Geburt eines Kindes passieren würde: Die Zuständigkeit für Kind und Haushalt würde hauptsächlich bei der Mutter liegen. Zumindest sind dies die Erwartungen der Gesellschaft.

Doch ebendies ist es, was viele Frauen vor dem Kinderbekommen zurückschrecken lässt. Kinderlose Frauen unter Druck zu setzen ist folglich sinnlos. Mehr noch: Es ist auch gefährlich! Denn sollten sich diese Frauen tatsächlich dazu überreden lassen, ein Kind zu bekommen, von dem sie von vornherein wissen, dass sie es nicht bekommen möchten, wäre das Unglück der Mütter und der gesamten Familie bereits vorprogrammiert. Das Phänomen Regretting Motherhood möglichst zu vermeiden, bedeutet also auch, gewollte Kinderlosigkeit zu akzeptieren.

Solange Kinderlosigkeit in unserer Gesellschaft als Makel gilt und vor allem kinderlose Frauen derart unter Druck gesetzt werden, Kinder zu bekommen, und ausgegrenzt und sanktioniert werden, so lange werden Frauen aus den falschen Gründen Kinder bekommen.

Es handelt sich dann um die Fälle von Regretting Motherhood, die von vornherein hätten vermieden werden können, da es bereits vor der Schwangerschaft und sogar vor dem eingeimpften Kinderwunsch deutlich war, dass die Mutterrolle bei diesen Frauen nicht gewünscht ist. Sicherlich würden so bereuende Mütter nicht »ausgerottet«, da viele Betroffene berichten, sich das Kind anfangs gewünscht zu haben – doch verringern ließe sich das Problem so sicherlich.

VII. Politische Lösungsmöglichkeiten

Die Unzufriedenheit von Müttern mit ihrer Mutterrolle oder sogar das Bereuen der Mutterschaft ist kein individualpsychologisches Phänomen. Die strukturellen und politischen Rahmenbedingungen in einer Gesellschaft können das Phänomen Regretting Motherhood verstärken oder abmildern. Wie glücklich oder unglücklich eine Frau mit ihrer Mutterrolle ist, hängt nicht nur davon ab, ob sie sich generell überhaupt als die Mutter eines anderen Menschen sieht. Es ist auch nicht zwingend so, dass Frauen, die sich mit ihrer Mutterrolle nicht wohlfühlen, sich überhaupt nicht zur Mutter »eignen«. Es hängt auch davon ab, welche Anforderungen und Aufgaben, welch sozialer Druck und welche Geringschätzung in einer Gesellschaft mit der Mutterschaft einhergehen.

Daher kann auch die Politik dazu beitragen, dass Frauen zufriedener mit ihrer Entscheidung, ein Kind zu bekommen, sind. Damit möchte ich in keinem Fall den Muttermythos stärken und behaupten, dass eine glückliche Mutterschaft in jedem Fall machbar ist. Wir müssen verstehen und akzeptieren, dass es Frauen (und Männer) gibt, die auch unabhängig von den gesellschaftlichen Umständen, in denen sie leben, keine Kinder bekommen wollen und sich nicht als Eltern sehen. Es wird immer Menschen geben, für die das Zeugen von Nachwuchs nicht das größte Glück auf Erden bedeutet und die ganz andere Prioritäten und Wünsche in ihrem Leben haben. Umso wichtiger ist eine Gesellschaft, die solche individuellen Lebensentwürfe toleriert und akzeptiert. Für die Entscheidung für oder gegen ein Kind sollte sich künftig niemand, schlicht niemand rechtfertigen müssen.

Dennoch gibt es einen gewissen Anteil an bereuenden und unglücklichen Müttern, die erst durch die strukturellen Rahmenbedingungen und die Widrigkeiten bei der Vereinbarkeit von Beruf und Familie zu der Einstellung kommen: »Ich bereue es, Mutter geworden zu sein.« Dies artikulieren viele der befragten Mütter auch ganz konkret, indem sie immer wieder darauf verweisen, dass sie keine Kinder bekommen hätten, wenn sie gewusst hätten, wie sich das auf ihre berufliche Entwicklung auswirkt.

Die Chancen der Politik

Deshalb darf die Rolle der Politik beim Thema Regretting Motherhood nicht vernachlässigt werden. Schließlich geht es in diesem Buch nicht nur darum, das Phänomen zu beschreiben und historisch, soziologisch und psychologisch einzuordnen. Es sollen auch die Ursachen, die wir beheben könnten, gezielt angesprochen werden. Nur so ist eine Verbesserung der Lebenssituation von Müttern möglich.

Es geht mir nicht darum, die bereuende Mutterschaft zu stigmatisieren oder weiter zu tabuisieren. Ich möchte nicht die Vorstellung, dass Mutterschaft eben nicht alle Frauen glücklich macht, abschaffen oder aushebeln. Bei der Diskussion von politischen Maßnahmen und Verbesserungsvorschlägen geht es einzig darum, das Wohlbefinden der Mütter so weit wie von außen möglich zu steigern. Frauen, die es bedauern, Kinder bekommen zu haben, geht es nicht gut. Wünschenswert ist eine Gesellschaft, in welcher der Muttermythos aufgedeckt und kritisch besprochen wird. Frauen sollten nicht durch Medien und Gesellschaft mit falschen Leitbildern und Vorstellungen über Mutterschaft gelockt und geködert werden, damit sie Kinder bekommen. Das Unglück ist vorprogrammiert.

Wir müssen zu einer Gesellschaft werden, die Kinderlosigkeit toleriert und nicht als etwas Krankhaftes zu behandeln versucht. Erst dann werden Frauen (und Männer), die sich ein Leben mit Kindern nicht vorstellen können, auch selbstbewusst »Nein« zu dem Standard-Lebensentwurf der Kleinfamilie sagen können. Somit kann von vornherein vermieden werden, dass Familien aus den falschen Gründen gegründet werden und sich letztlich Menschen in Lebenszusammenhängen wiederfinden, die sie als belastend und frustrierend empfinden.

Gleichzeitig kann die Politik für diejenigen, die bereits Kinder haben und unter dem Stress und der Vereinbarkeitsproblematik besonders leiden, eine Menge tun und deutlich zur Entlastung der völlig überlasteten Mütter beitragen.

Um zu ergründen, ob es politischen Handlungsbedarf gibt, können folgende Fragen der Erörterung der strukturellen Schwachstellen dienen:

- Existiert die viel beschworene Wahlfreiheit für Eltern tatsächlich?

- Wie wollen Mütter leben und ist dies überall auch möglich?

- Inwiefern können Mütter, die an ihren Arbeitsplatz nach der Geburt des Kindes zurückkehren wollen, dies auch ohne Weiteres tun?

- Was steht einer Rückkehr bzw. dem Wiedereinstieg entgegen? Wie kann ein Wiedereinstieg erleichtert und unterstützt werden?

- Können Väter, die einige Zeit zu Hause bei den Kindern bleiben wollen, sich um Haushalt und Kindererziehung kümmern wollen, problemlos Elternzeit nehmen?

- Existiert ein Vaterschutz wie von der EU gefordert, der Vätern insbesondere die Anwesenheit bei Mutter und Kind kurz nach der Geburt garantiert?

- Können Eltern mit familienfreundlichen Regelungen seitens des Arbeitgebers rechnen?

- Gibt es eine verlässliche, wohnortnahe, flexible Kinderbetreuungseinrichtung, deren Öffnungszeiten zu den Bedürfnissen der Eltern passen und deren Betreuungsplätze zeitnah erhältlich und finanziell erschwinglich sind?

- Welche finanziellen Entlastungsmöglichkeiten werden Eltern von der Politik geboten? Gibt es finanzielle Anreize, die beispielsweise die partnerschaftliche Aufgabenteilung fördern, statt die Hausfrauenehe zu subventionieren?

Die Eltern selbst können nur sehr begrenzt tatsächlich ihren Lebensentwurf beeinflussen, wenn sie nicht von der Politik unterstützt werden. Leider hat die Bildungs- und Familienpolitik Eltern, die sich von der klassischen Rollenverteilung lösen wollen, lange Zeit nicht unterstützt, sondern ihnen sogar noch Steine in den Weg gelegt. Die Regierungen von Bund und Ländern, allen voran das Bundesministerium für Familie, Senioren,

Frauen und Jugend, müssen endlich Gesetze schaffen, die Geschlechtergerechtigkeit auch in der Familie möglich machen.

Flächendeckende Kinderbetreuung

Am dringlichsten ist nach wie vor der Ausbau der Betreuungsplätze. Dieser muss weiter massiv vorangetrieben werden. Es darf nicht sein, dass Eltern vor dem beruflichen Wiedereinstieg bangen müssen, ob dieser überhaupt möglich sein wird. Oder dass in Krippen überall in Deutschland eine Art Dauerstreit zwischen Erzieherinnen und Eltern besteht über die Dauer der Eingewöhnung: Die Erzieherinnen wollen eine möglichst langsame Eingewöhnung von teilweise vier Wochen oder mehr. Eltern haben diese Zeit oft nicht und müssen zurück an den Arbeitsplatz, da sie den Betreuungsplatz nicht rechtzeitig erhalten haben.

Wir brauchen außerdem einen rechtlichen Anspruch auf die Ganztagsbetreuung der Kinder von null bis zwölf Jahren. Das heißt, wir benötigen Krippen und Kindergärten mit ausreichend Ganztagesplätzen und insbesondere eine adäquate Betreuung für Schulkinder. Deren Betreuung wurde zu lange vernachlässigt, doch Eltern, die für ihre Kleinkinder einen Betreuungsplatz bis 16 oder 17 Uhr hatten, benötigen diesen aus beruflichen Gründen. Nur weil ihr Kind mit sechs oder sieben Jahren eingeschult wird, können sie nicht plötzlich wieder um 12 Uhr mit dem frisch gekochten Essen zu Hause auf das Schulkind warten. Wir können es uns nicht erlauben, dass Mütter wieder in den Beruf einsteigen, wenn ihre Kinder ein oder zwei oder drei Jahre alt sind, damit sie dann aus diesem wieder aussteigen müssen, sobald das älteste Kind in die Schule kommt.

Die viel beschworene Wahlfreiheit für Mütter existiert erst, wenn alle Eltern, die ein Kind betreuen lassen möchten, einen Betreuungsplatz zum gewünschten Zeitpunkt im gewünschten Umfang wohnortnah erhalten können. Darüber hinaus sollten diese Betreuungsplätze im Idealfall kostenfrei sein. In jedem Fall müssen sie zumindest erschwinglich sein – das Szenario, dass Mütter »eigentlich nur für die Kinderbetreuung« arbeiten, d.h. das Gehalt für die Teilzeitstelle fast völlig von den Kinderbetreuungskosten geschluckt wird, darf es nicht mehr geben. Auch eine soziale Staffelung der Gebühren empfiehlt sich. Zudem müssen Kinderbetreuungskosten in vollem Umfang von der Steuer abgesetzt werden können!

Bezüglich der Betreuungsgebühren ist das schwedische Modell besonders interessant. In Schweden orientieren sich die Kita-Kosten an der Höhe des Gehalts der Eltern und sind zudem gedeckelt. Schwedische Eltern zahlen für die Betreuung des ersten Kindes lediglich 3 Prozent des Haushaltseinkommens – maximal aber ca. 137 Euro.[74] Für das zweite Kind sind es nur 2 Prozent des Haushaltseinkommens (hier sind die Kosten beschränkt auf maximal 91 Euro) und für das dritte Kind 1 Prozent des Einkommens (umgerechnet maximal 46 Euro) pro Monat.[75] Auch dass die Kita-Gebühren landesweit einheitlich erhoben werden, statt sich von Region zu Region und von Träger zu Träger zu unterscheiden, ist unbedingt nachahmenswert.

In Deutschland sind die Kosten für die Betreuung dagegen regional stark unterschiedlich. Von der Wahl des Wohnorts hängt ab, ob man überhaupt nichts für die Betreuung bezahlen muss oder 500 Euro im Monat zu entrichten hat. Tatsächlich gibt es viele Gegenden, wo Eltern nur ein paar Hundert Meter auseinanderwohnen und dennoch die Betreuungskosten für ihre Kinder sich um Hunderte von Euro monatlich unterscheiden. Ein Platz bei einer Tagesmutter oder in einer privaten Krippe kann sogar 700 oder 800 Euro monatlich kosten. Gerade die Betreuung der unter Dreijährigen ist für die Träger relativ teuer, was vor allem an dem höheren Personalbedarf liegt. Ein Krippenplatz verursacht für den Träger rund 1.200 Euro Kosten im Monat.

Aus der gesamtgesellschaftlichen ökonomischen Perspektive ist es nicht sinnvoll, wenn Mütter vom Wiedereinstieg in die Arbeitswelt abgehalten werden. Denn für den Staat ist eine Mutter, die nicht berufstätig ist, wesentlich kostenintensiver als die Förderung der Kinderbetreuung. Geht eine Mutter nicht arbeiten, leistet sie auch keine Lohnsteuer, keinen Solidaritätszuschlag und keine Abgaben in die Pflege-, Kranken- und Rentenkasse. Es gibt auch keinen Arbeitgeber, der für die Beschäftigung der Mutter Lohnsteuer und Sozialabgaben entrichtet. Letztlich verdient der Staat also mehr an einer berufstätigen Mutter, als ihn die Kinderbetreuungsplätze kosten. Deshalb ist es ökonomischer Irrsinn, Eltern mit überhöhten Betreuungsgebühren aus der Arbeitswelt fernzuhalten bzw. ihnen damit den gewünschten Wiedereinstieg zu erschweren. In den meisten Regionen ist es daher dringend notwendig, dass die Elternbeiträge gesenkt werden und der Staat einen höheren Anteil an den Betreuungskosten übernimmt.

Vorwürfe gegen Eltern, die nach kostenlosen Kita-Plätzen schreien, sie wären naiv, egoistisch, würden für ihre Kinder nicht zahlen wollen und sich nicht für die finanzielle Situation des Staates interessieren, laufen folglich ins Leere. Wer eine erschwingliche Kinderbetreuung fordert, der wünscht sich damit gerade eine Regelung, die am Ende viel Geld in die Kassen des Staates spülen würde, statt diese zu leeren.

Stattdessen wird die Betreuung von Kindern in Kitas und Krippen immer noch gesellschaftlich abgewertet und Eltern, die ihre Kinder betreuen lassen, stigmatisiert. Kinderbetreuung darf nicht länger als notwendiges Übel oder gar als Gefährdung der Kinder dargestellt werden. In jedem Fall aber können Eltern erwarten, dass das Personal in Kitas entsprechend sensibilisiert und geschult ist. Viel zu oft halten die Erzieherinnen und Erzieher es selbst für falsch, Kinder unter drei Jahren betreuen zu lassen oder ältere Kinder ganztags betreuen zu lassen. Sie lassen dies die Eltern subtil oder auch ganz direkt durch Vorwürfe und Kritik spüren. Gerade die öffentlichen Institutionen dürfen jedoch keine unterschwellige Anti-Krippen-Propaganda betreiben. Kinderbetreuung muss endlich als die positive Bereicherung für den Alltag von Kindern und das systematische Fördern von Vorschulkindern verstanden und nach außen vertreten werden, die sie ist.

Falsche Anreize: das Betreuungsgeld

Es sind nicht nur die hohen Kita-Kosten, die Mütter dazu bringen, später und in geringerem Umfang wieder in ihren Job zurückzukehren als gewünscht. Mit der Einführung des Betreuungsgeldes (von den Medien auch »Herdprämie« genannt) im Jahr 2012 hat die Bundesregierung einen weiteren finanziellen Anreiz für Mütter (und Väter) gesetzt, länger zu Hause zu bleiben. Eltern, die ihre Kinder zu Hause – meist von der Mutter – betreuen lassen, sparen sich nicht nur die Kita-Kosten, sondern erhalten auch noch eine zusätzliche Finanzspritze. Das Betreuungsgeld – so hieß es vor allem aus den Reihen der CDU/CSU-Fraktion – sei eine finanzielle Leistung für Mütter, die zu Hause bleiben und ihre Kinder rund um die Uhr selbst betreuen wollen. Die Rede war von Anerkennung der Muttertätigkeit, von Wahlfreiheit für Frauen, die lieber zu Hause bleiben wollten, anstatt aus finanziellen Zwängen arbeiten gehen zu müssen, Gerechtigkeit gegenüber Eltern, die keine teuren staatlich geförderten Kita-Plätze in Anspruch nähmen. Ziel der Politik war jedoch ganz klar: Das Betreuungsgeld sollte bewirken, dass Mütter zu Hause bleiben, die dies sonst vermutlich nicht getan hätten – animiert durch die finanziellen Vorteile im Gegensatz zu Berufstätigkeit gekoppelt mit hohen Kita-Kosten.

Doch weshalb drängte die CSU auf die bundesweite Einführung des Betreuungsgeldes? Thüringen zahlte seinen Eltern bereits seit 2006 ein Betreuungsgeld. Studien zeigten schon 2012, dass sich dies nicht wie erwünscht ausgewirkt hatte. Es waren vor allem Mütter mit geringem Qualifikationsniveau und niedrigem Einkommen, die ihre Berufstätigkeit wieder einschränkten.[76] Die Geburtenrate ist jedoch nicht gestiegen. Die Heidelberger Wirtschaftsprofessorin Christina Gathmann erklärt: »Insbesondere Geringqualifizierte, deren Familien häufig auf ein zweites Einkommen angewiesen sind, fassen nach längeren Unterbrechungen nur schwer wieder Fuß auf dem Arbeitsmarkt. Zugleich profitieren ihre Kinder überdurchschnittlich von den Fördermöglichkeiten einer qualitativ hochwertigen Betreuung.«[77]

Den Befürwortern des Betreuungsgeldes ging es nicht darum, sich für Mütter oder Kinder einzusetzen – denn es war bereits bekannt, dass sich das Betreuungsgeld nicht positiv auswirkt. Vielmehr nahmen sie die Nachteile für Mütter und Kinder in Kauf, um zum einen ihre antiquierten Familienvorstellungen zu verbreiten und zum anderen den Mangel an Kita-Plätzen auszugleichen – statt einfach mehr Kita-Plätze bereitzustellen. Es ist nur zu vermuten, dass einige Politiker hier einen finanzpolitischen Coup landen wollten: Scheint es doch auf den ersten Blick die Bundeskassen zu entlasten, wenn man monatlich 150 Euro in das Betreuungsgeld für ein Kind investiert statt rund 800 Euro in einen Krippenplatz. Doch eine Mutter, die mit ihrem Kind zu Hause bleibt, zahlt nicht in ihre Renten- und Krankenkasse ein und zahlt auch keine Lohnsteuer ebensowenig zahl ein Arbeitgeber Kassenbeiträge oder Steuern. Das Betreuungsgeld rechnet sich also nicht.

Ginge es der Politik wirklich darum, Mütter zu unterstützen, die ohnehin zu Hause bleiben würden, wäre dies auf anderem Wege wesentlich sinnvoller möglich gewesen, ohne den Nebeneffekt, dass man gleichzeitig Mütter regelrecht von ihren Arbeitsplätzen »wegkauft«. Das größte Problem von Müttern, die längere Zeit zu Hause bleiben, ist nachweislich nicht die finanzielle Situation. Eine einfache Vergleichsrechnung zeigt, dass Familien, bei denen ein Elternteil zu Hause bleibt, zumindest in vielen Fällen mitnichten finanziell schlechter gestellt sind als Familien, in denen beide Elternteile berufstätig sind. Denn die Berufstätigkeit beider Eltern bringt auch viele zusätzliche Kosten (z.B. Ganztags-Betreuungsplätze für zwei Kinder, Fahrtkosten, Wegfall der steuerlichen Vorteile durch das Ehegattensplitting) mit sich. Daher macht es bei vielen Familien vor allem in den ersten Jahren keinen großen finanziellen Unterschied, ob beide Elternteile berufstätig sind oder die Mutter zu Hause bleibt. Deshalb setzte das Betreuungsgeld auch Fehlanreize: Es glich nicht etwa vermeintliche finanzielle Nachteile bei den zu Hause bleibenden Müttern aus. Es sorgte sogar dafür, dass viele Familien nun finanziell bessergestellt waren, wenn die Mütter nicht berufstätig waren.[78]

Will man diejenigen Mütter unterstützen, die für längere Zeit zu Hause bleiben, sollte man also nicht bei der finanziellen Lage ansetzen. Ganze 96 Prozent der Mütter wollen berufstätig sein.[79] Und so stellt sich früher oder später für jede Mutter die Frage, wie und ob der berufliche Wiedereinstieg gelingen kann. Dieser ist insbesondere für Frauen, die jahrelang zu Hause geblieben sind, die mit Abstand größte Schwierigkeit und Herausforderung. Und so lautet mein Vorschlag für die Verwendung der Gelder, die in den letzten Jahren in das Betreuungsgeld geflossen sind, ein staatliches Wiedereingliederungsmanagement einzuführen. Bereits im Jahr 2012 habe ich diesen Vorschlag detailliert in meinem Buch *Mütterterror – Angst, Neid und Aggressionen unter Müttern* unterbreitet.[80]

Dieses Wiedereingliederungsmanagement würde allen Eltern, die für die Familie aus ihrem Beruf ausgestiegen sind, zugutekommen. Am stärksten würde sich der Effekt jedoch bei denjenigen bemerkbar machen, die über mehrere Jahre zu Hause geblieben sind. Fast alle Frauen haben, nachdem sie nach der Geburt eines oder mehrerer Kinder eine Familienphase eingelegt haben, den starken Wunsch, wieder in ihren Beruf zurückzukehren oder in jedem Fall wieder erwerbstätig zu sein. Doch auch heute noch ist der Wiedereinstieg sehr schwer und manchmal auch gar nicht mehr möglich – zumindest nicht in dem Unternehmen oder in der Branche oder Position, in welcher die Mutter zuvor tätig war. Je länger der familienbedingte Ausstieg aus der Erwerbstätigkeit angedauert hat, desto schwieriger ist die Lage für die Mütter – und in umso größere Abhängigkeitsverhältnisse zu Männern begeben sie sich.

Und fast immer geht ein Wiedereinstieg nach jahrelanger Familienphase einher mit Gehaltseinbußen oder einer Position unterhalb der Qualifikation der Frau. Insbesondere Frauen, die viele Jahre oder gar Jahrzehnte nicht mehr erwerbstätig waren, finden meist trotz guter Ausbildung, Studium oder langjähriger Berufserfahrung nur noch Tätigkeiten als Aushilfen oder Raumpflegerinnen. Damit soll nicht der Beruf der Raumpflegerin abgewertet werden. Es soll nur deutlich werden, dass die ursprüngliche Ausbildung und Qualifikation der

Mutter in keiner Relation mehr zu der Tätigkeit und Position stehen, die sie nach einem längeren Ausstieg erlangen kann. Dies kann für den Staat, der schließlich in die Ausbildung seiner Bürger nicht unwesentlich investiert, nicht sinnvoll sein. Wie viele qualifizierte Arbeitskräfte dem Markt durch unser antiquiertes Familienmodell verloren gehen, mag man sich gar nicht ausrechnen.

Das Wiedereingliederungsmanagement sollte sich nun ebendieser Problematik annehmen. Ich verstehe unter einem Wiedereingliederungsmanagement eine Anlaufstelle bei der Agentur für Arbeit, die gezielt Eltern betreut, die länger als ein bis zwei Jahre familienbedingt aus dem Erwerbsleben ausgeschieden sind. Diese Anlaufstelle sollte Kontakthalteprogramme beim bisherigen Arbeitgeber anregen und unterstützen, Weiterbildungsmöglichkeiten vermitteln und sowohl für die ArbeitnehmerInnen als auch für die Arbeitgeberseite konkrete Beratung zum geplanten Wiedereinstieg, zum Wiedereinstiegszeitpunkt und zur beruflichen Zukunft bzw. Weiterentwicklung anbieten.

Diese Maßnahmen und Hilfen wären dann auch tatsächlich im Sinne der Mütter, die einige Zeit zu Hause geblieben sind, und wirkten einer beruflichen Unzufriedenheit der Mütter, resultierend aus den Nachteilen, die ihnen durch den familiären Ausstieg erwachsen sind, entgegen. Und auch der Staat selbst profitierte von der erfolgreichen Reintegration von Müttern in den Arbeitsmarkt.

Darüber hinaus kann die Politik etwas für Mütter tun, die zu Hause bleiben oder ihre Arbeitszeit für einen längeren Zeitraum reduzieren: Es sollte eine Aufklärungspflicht des Staates und Arbeitsgebers geben über den Zusammenhang zwischen Rentenhöhe und Familienzeit bzw. Rentenhöhe und Teilzeitarbeit. Mütter (und Väter) sollten von Staat und Arbeitgeber darüber informiert werden, inwiefern sich die Länge der Familienphase oder auch die Teilzeitarbeit auf ihre jeweilige Rente auswirken. Vielen Frauen fällt erst in den letzten Jahren vor der Verrentung oder erst ab dem Ruhestand auf, wie viel bzw. eher wie wenig Rente sie erhalten werden. Doch dann ist es meist schon zu spät, um diesem Effekt noch durch ein verstärktes berufliches Engagement entgegenzuwirken. Auch diese Maßnahme wirkt präventiv gegen mütterliche Unzufriedenheit.

Auswirkungen bildungspolitischer Veränderungen

In den letzten Jahren gab es mehrere Neuerungen in der Bildungspolitik, die sich auch auf die Situation der Mütter auswirken. Insgesamt wurde der Leistungsdruck durch die Modularisierung der Studiengänge im Rahmen des Bologna-Prozesses an Hochschulen erhöht. In den Gymnasien wurde der Unterrichtsstoff verdichtet und das Tempo gesteigert durch die G8-Reform. Hierbei wurde die Schulzeit an Gymnasien von neun auf acht Schuljahre verkürzt. Entsprechend müssen Kinder am Ende der Grundschulzeit bereits mehr können, als dies noch vor ein paar Jahren der Fall war. Dieser Leistungsdruck setzt sich also von den Hochschulen und den Gymnasien ungebremst nach unten durch bis zu den Grundschul- und Vorschulkindern. Parallel werden immer mehr Grundschulen in Ganztagsschulen umgewandelt.

Dies ist zum einen positiv zu bewerten, weil dadurch mehr Ganztagsbetreuungsplätze für Grundschulkinder zur Verfügung stehen. Denn Eltern, deren Kinder bislang in Krippe und Kindergarten ganztags betreut wurden, haben nicht vor, ab der Einschulung ihres Kindes ihre Arbeitszeit wieder drastisch zu reduzieren, weil diese nun bereits mittags zu Hause sind. Andererseits sind die Konzepte der meisten Ganztagsgrundschulen nicht komplett durchdacht. Probleme bereitet fast immer der Umgang mit den Hausaufgaben. Allein der Begriff »Hausaufgaben« passt hier nicht mehr: Es handelt sich eben nicht mehr um Aufgaben, die zu Hause erledigt werden sollen, sondern um Übungsaufgaben, die in einer Art Freiarbeit relativ selbstständig in der Schule bearbeitet werden. Doch die »Hausaufgaben«, die viele Kinder von ihren Lehrkräften gestellt bekommen, sind weiterhin häufig so konzipiert, dass sie eine enge Betreuung voraussetzen. Während früher die Mütter ihren Kindern bei den Hausaufgaben zur Seite standen und eine 1:1- oder 1:2-Betreuung gewährleistet war, sitzen nun 20 Kinder in einem Raum, in dem sie von einer einzigen Kraft beaufsichtigt werden. Es ist kein Platz und keine Zeit mehr für Verständnisfragen oder Hilfestellungen. Viele Kinder schaffen ihre Aufgaben daher nicht in der schulischen Hausaufgabenbetreuung. Sie kommen nachmittags nach Hause und müssen diese dort weiter bearbeiten, weil sie ansonsten dem Schulstoff hinterherhinken.

Doch es ist ein Kraftakt für Eltern und Kind, wenn um 17 Uhr ein Siebenjähriger, der bereits den ganzen Tag in der Schule war, noch Mathe und Deutsch lernen muss. Die meisten Ganztagsgrundschulen sind als offene Form konzipiert. Das heißt, Eltern können die Nachmittagsbetreuung auch abwählen und ihre Kinder mittags von der Schule abholen. Viele Mütter wissen sich nur derart zu helfen, dass sie nun wieder aus dem Beruf aussteigen oder ihre Stelle stark reduzieren. Sie nehmen die Nachmittagsbetreuung nicht in Anspruch und betreuen stattdessen die Hausaufgaben ihrer Sprösslinge. Wir brauchen also dringend adäquate Konzepte für den Umgang mit Hausaufgaben. Es gibt innovative Schulen, die die Hausaufgaben komplett abgeschafft haben. Auch ein besserer Betreuungsschlüssel bei der institutionellen Hausaufgabenbetreuung stellt eine Lösungsmöglichkeit dar. Zudem können die Aufgaben, die die Lehrkräfte stellen, berücksichtigen, dass die Kinder sie fast völlig auf sich gestellt erledigen müssen.

An einer Lösung der Situation muss dringend gearbeitet werden, damit Mütter nicht genötigt werden, kurz nach ihrem beruflichen Wiedereinstieg wieder aus dem Beruf auszusteigen, um ihre Kinder bei den Hausaufgaben zu unterstützen. Ein besserer Betreuungsschlüssel kostet Geld. Doch die 1:1-Betreuung durch die Mütter ist mit Sicherheit die teuerste Variante für den Staat, da ihm auf diesem Wege wieder Lohnsteuer, Kassen- und Versicherungsbeiträge von Müttern entgehen. Doch am wichtigsten: Es macht Mütter unglücklich, wenn sie berufstätig sein wollen und stattdessen jedoch zum Wohle der Kinder zu Hause bleiben müssen.

Vaterschutz und Elternzeit

Eine weitere Forderung setzt bei den Vätern an, bewirkt jedoch auch eine deutliche Entlastung der Mütter: der Vaterschutz. Es handelt sich um das männliche Pendant zum Mutterschutz. Im Jahr 2010 verabschiedete das Europäische Parlament eine Resolution, in der es einen 14-tägigen Vaterschutz forderte. Dies bedeutet, dass Väter die ersten 14 Tage nach der Geburt des Kindes von ihrer Arbeit unter Fortzahlung des Lohns freigestellt werden sollen. Bislang ist die deutsche Regierung dieser Forderung jedoch noch nicht gefolgt.

Bereits im März 2012 habe ich die Forderung des Europäischen Parlaments, einen 14-tägigen Vaterschutz einzuführen, als Vorschlag im Zukunftsdialog der Kanzlerin eingebracht.[81] Der Zukunftsdialog war eine Internetplattform, die von der Bundeskanzlerin Dr. Angela Merkel für Bürger und Bürgerinnen vom 1. Februar bis zum 15. April 2012 bereitgestellt wurde. Die Bürger und Bürgerinnen konnten dort nicht nur politische Vorschläge einbringen, sondern auch über viele Tausende von Vorschlägen abstimmen. Die Vorschläge wurden entsprechend der Anzahl der abgegebenen Stimmen aufgelistet. Mein Vorschlag, einen Vaterschutz einzurichten, erreichte in kurzer Zeit den 37. Platz von über 11.000 Vorschlägen. Dies verdeutlicht die Wichtigkeit und Dringlichkeit einer solchen Möglichkeit für Mütter und Väter und betont, welche Wichtigkeit die Einbeziehung des Vaters zur Entlastung der gesamten Familie aktuell in unserer Gesellschaft hat.

Dass Väter unabhängig von ihrer Berufsbranche, ihrem Arbeitsplatz und unabhängig von ihren Arbeitsverträgen und Arbeitgebern in den ersten zwei Wochen nach der Geburt ihres Kindes für Mutter, Neugeborenes und eventuell vorhandene Geschwisterkinder da sein können, ist im Sinne der Mütter, der Kinder und nicht zuletzt der Väter selbst. Im Zukunftsdialog heißt es:

»Väter müssen gesetzlich 14 Tage Väterschutz zugesichert bekommen. In den ersten 14 Tagen nach der Geburt eines Kindes ist es wichtig, dass das Baby in der Familie und in seinem Zu Hause von BEIDEN Eltern willkommen geheißen werden kann. Der Erstkontakt von Vater und Baby ist wichtig und darf nicht durch die Berufstätigkeit des Vaters gestört oder verhindert werden.

Väter müssen in den ersten 14 Tagen nach der Geburt uneingeschränkt:

- ihr Baby willkommen heißen und kennenlernen können,

- Mutter und Neugeborenes in der Klinik und zu Hause unterstützen können,

. die Möglichkeit haben, eine enge Bindung zu ihrem Kind aufzubauen. Für viele Berufsgruppen ist es nicht möglich, direkt nach der Geburt Urlaub zu nehmen oder im Zweifelsfall sehr kurzfristig Urlaub zu nehmen.

Andere Väter können dies rein arbeitsrechtlich, haben aber Angst vor der Reaktion des Arbeitgebers. Bei vielen unterliegt es zumindest der Willkür des Vorgesetzten, ob sie Urlaub erhalten. Damit muss Schluss sein!«[82]

Der Vaterschutz darf allerdings keinesfalls als Ersatz für die Elternzeit oder den regulären Urlaub verstanden werden. Er muss als ergänzendes Angebot eingeführt werden und steht nicht in Konkurrenz zur Elternzeit.

Die Einführung eines Vaterschutzes würde Mütter insbesondere in einer sehr schwierigen und anstrengenden Phase unterstützen. Nach einer Geburt müssen sich Mütter selbst von den körperlichen und psychischen Strapazen der Geburt erholen. Sie haben eine einschneidende Erfahrung gemacht, sind häufig von ihren Emotionen überrollt und überfordert. Eventuell sind sie durch einen Kaiserschnitt körperlich eingeschränkt, möglicherweise ist die Betreuung des Neugeborenen besonders nervenaufreibend, weil dieses auf der Intensivstation liegt, eine Frühgeburt war, Gelbfieber hat oder einen Infekt. Auch wenn bereits ein Geschwisterkind oder mehrere Geschwister vorhanden sind, benötigt die Mutter nach der Geburt unbedingt Unterstützung.

Wer könnte da besser geeignet sein, das Neugeborene im Kreis der Familie willkommen zu heißen, die Mutter zu unterstützen, Geschwisterkinder zu betreuen, als der Vater selbst? Ein Vaterschutz würde insbesondere die anstrengenden ersten Tage für die Mütter vereinfachen und somit auch präventiv der Entwicklung einer Wochenbettdepression vorbeugen.

Weiterhin muss die Akzeptanz für Elternzeit nehmende Väter massiv verbessert werden. Obwohl Väter heute ebenso wie Mütter Elternzeit nehmen dürfen, tun es längst nicht alle, und wenn, dann meist nur kurz. Gerne werden die ersten beiden Lebensmonate des Kindes hierfür genutzt. So sind im dritten Jahresviertel 2013 inzwischen 32,3 Prozent aller Väter in Elternzeit gegangen. Die meisten von ihnen – nämlich rund 80 Prozent – taten es jedoch nur für zwei Monate.[83]

Sicherlich ist es für die junge Mutter eine Entlastung, während der ersten Wochen der Gewöhnung an das Kind und das neue Leben ihren Partner zu Hause zu haben. Doch wenn der Partner nach kürzester Zeit in seinen Job zurückkehrt, ist diese Elternzeit kaum mehr als ein Tropfen auf dem heißen Stein und hilft der Mutter auf lange Sicht überhaupt nichts, wenn danach wieder das traditionelle Rollenmodell greift, der Mann Vollzeit arbeitet und die Frau zu Hause bleibt.

Hier müssen sowohl für die Väter als auch für die Arbeitgeber Anreize geschaffen werden. Tatsächlich geben viele Männer an, sich eine längere Elternzeit zu wünschen, sich aber vor der damit verbundenen Stigmatisierung zu fürchten.

Zum einen befürchten sie Nachteile im Beruf – und dies zu Recht. Viele Vorgesetzte verziehen durchaus das Gesicht angesichts eines jungen Vaters, der eine längere Elternzeit fordert – dies ist immer noch weit weniger akzeptiert als bei Frauen. Auch ein Wiedereinstieg ist alles andere als einfach, häufig sogar wegen der geringeren Akzeptanz bei Männern schwieriger. (Zitat eines Personalchefs angesichts der Bewerbung eines jungen Manns, der zwei Jahre Elternzeit genommen hatte: »Was ist das denn für ein Weichei?«) Und auch gesellschaftlich sind Elternzeit-Väter noch längst nicht flächendeckend anerkannt und müssen sich Spott und herablassende Bemerkungen anhören. Hausarbeit und Kinderbetreuung gelten nach wie vor als unmännlich – und auch so mancher Mann fühlt sich nicht mehr als Mann, wenn er zu Hause bleibt, während seine Frau arbeiten geht. Hier müssen wir dringend an unserem Geschlechterbild arbeiten – und Vätern muss klargemacht werden, dass die Funktion des Ernährers im 21. Jahrhundert schlicht nicht mehr ausreicht.

So könnte die Politik durch die Ausweitung der Partnermonate bei der Elternzeit beispielsweise sowohl Väter motivieren, länger familienbedingt aus dem Beruf auszusteigen, und gleichzeitig Arbeitgebern gegenüber signalisieren, dass dies politisch und gesellschaftlich gewünscht ist. Die meisten Arbeitgeber akzeptieren inzwischen, wenn ein Vater zwei Monate in Elternzeit geht. Dies liegt natürlich daran, dass die Vorgesetzte/der Vorgesetzte weiß, dass die Familie auf zwei Monate Elterngeld verzichtet, wenn der Vater diese nicht in Anspruch nimmt. Sein Handeln ist also quasi aus ökonomischer Sicht legitimiert. Würde der Staat nun die Partnermonate schrittweise anpassen und statt 12 + 2 Monate Elterngeld zu zahlen, nun 10 + 4 Monate und später 7 + 7 Monate Elterngeld zahlen, wäre für viele Arbeitgeber besser nachvollziehbar, weshalb ihr Angestellter länger als zwei Monate in Elternzeit geht. Die Väter hätten zudem das Gefühl, mehr Argumente auf ihrer Seite zu haben. Der Organisationsberater Hans-Georg Nelles von »Väter & Karriere« schlug 2012 auf der WoMenPower-Messe in Hannover vor, die Anzahl der Partnermonate zu erhöhen.[84] Er attestierte der Art, wie die Monate zusammengesetzt sind, eine große Wirkungsmacht. Nelles geht davon aus, dass beispielsweise bei einer Aufteilung 10 + 4 Monate genauso viele Väter vier Monate in Elternzeit gehen würden, wie derzeit zwei Monate Elternzeit nehmen. Auf diese Art könnte also die Politik

Anreize für mehr Gleichberechtigung, für mehr Engagement von Vätern und für eine gerechtere Arbeitsteilung setzen.

Die Unternehmenskultur muss sich darüber hinaus wandeln. Arbeitnehmerinnen und Arbeitnehmer mit Kindern dürfen nicht länger als Störfaktor angesehen werden. Wir brauchen stattdessen familienfreundliche Arbeitgeber, die bei der Gestaltung der Arbeitsplätze die Bedürfnisse der Beschäftigten mit einbeziehen. Viele Unternehmen und Hochschulen sind hier bereits auf dem richtigen Weg und arbeiten stetig daran, noch familienfreundlicher zu werden.[85] Arbeitgeber, die bereits eine familienbewusste Unternehmenskultur fördern, zeichnen sich aus durch unterschiedliche Maßnahmen und Angebote, die sie für ihre Beschäftigten eingeführt haben. Beispielsweise bieten sie funktionierende Teilzeitmodelle für Eltern, Jobsharing, ein Jahresarbeitszeitkonto, Gleitzeit- oder Vertrauensarbeitszeitregelungen. Dies hilft Eltern dabei, auch mal kurzfristig in Absprache mit den Vorgesetzten früher zu gehen oder später zu kommen, falls dies erforderlich ist. Einige Arbeitgeber bieten Heimarbeitsplätze, alternierende Telearbeitsplätze (bei denen teilweise von zu Hause und teilweise vom Büro aus gearbeitet wird) oder auch Laptops, die im familiären Notfall von den Beschäftigten mit nach Hause genommen werden können. Tandemmodelle, in denen sich zwei Personen in Teilzeit eine Führungsposition teilen, könnten ein Konzept der Zukunft sein, um endlich den berüchtigten Karriereknick zu entschärfen.

Nicht jede Maßnahme hilft bei jeder individuellen Herausforderung, vor der berufstätige Eltern stehen. Deshalb ist die Flexibilität von Arbeitgebern gefragt und eine Vielzahl verschiedener Möglichkeiten erhöht die Wahrscheinlichkeit, auf ein plötzlich erkranktes Kind oder eine akute Pflegesituation zur Zufriedenheit sowohl der Beschäftigten als auch des Arbeitgebers reagieren zu können. Je nach Größe des Unternehmens oder der Hochschule können auch Angebote wie eine kostenlose Kindernotfallbetreuung, ein hausinterner Vertretungspool oder eine Pflegeberatung die Familienfreundlichkeit des Unternehmens und die Zufriedenheit der Beschäftigten steigern. Doch all diese Angebote sind kostenintensiv. Es zeigt sich zwar, dass sie sich letztlich rechnen, weil die Unternehmen von einem positiven Image und weniger Krankmeldungen profitieren, jedoch scheuen viele zunächst die Investition. Hier wäre eine staatliche Förderung sinnvoll.

Stopp dem Stillterror!

Eine weitere Möglichkeit, die Lebenssituation von Müttern in Deutschland durch politische Maßnahmen zu entstressen und vor allem Frauen in den ersten Monaten nach der Geburt zu unterstützen, statt ihnen Druck zu machen und Perfektionismus einzuimpfen, ist es, die Regelungen der Nationalen Stillkommission zu entschärfen. Die Nationale Stillkommission setzt derzeit Mütter in Deutschland stark unter Druck, macht ihnen ein schlechtes Gewissen und stigmatisiert Frauen, die nicht stillen können oder wollen.

Natürlich ist ein stillfreundliches Krankenhaus und ein stillfreundliches Land durchaus wünschenswert – jedoch nur, wenn es auch dieselbe Freundlichkeit einer nichtstillenden Mutter entgegenbringt, statt dieser feindlich gesonnen zu sein.

Der Nationalen Stillkommission ist es zu verdanken, dass wir in Deutschland Gesetze haben, die die Werbung für Säuglingsmilch verbieten. Diese müssen endlich abgeschafft werden. Zudem sind die Produzenten der Säuglingsmilch derzeit verpflichtet, auf ihren Produkten darauf hinzuweisen, dass das

Stillen das Beste für das Kind wäre. Diese Aufdrucke auf den Milchpackungen, die gezielt vom Kauf des Produkts abhalten sollen, darf es nicht mehr geben. Sie suggerieren, dass es sich bei der Säuglingsmilch um etwas Gefährliches oder Giftiges handeln würde.

Darüber hinaus hat die Nationale Stillkommission einige Artikel veröffentlicht, deren Titel schon sehr ideologisch anmuten.[86] Dass ein Artikel mit dem Titel »Stillen ohne wenn und aber« im Jahr 2015 noch im Internet zu finden ist und durch ein öffentliches Organ herausgegeben werden darf, muss zutiefst schockieren. Die Art und Weise, wie hier mit und über Mütter gesprochen wird, stellt Mütter als Maschinen dar, die zu funktionieren und gehorchen (!) haben.

Momentan ist es allgemein üblich, bereits in den Geburtskliniken nicht zu akzeptieren, wenn eine Mutter nicht stillen möchte oder aufgrund der damit verbundenen großen Schmerzen nicht stillen kann. Meist schalten sich dann die Schwestern der Entbindungsstation, die Kinderkrankenschwestern, die Ärztinnen und Ärzte und die Hebammen ein und versuchen, die Frau mit mehr oder weniger Nachdruck doch noch zum Stillen zu bewegen. Doch wenn eine Mutter das Stillen ablehnt oder abstillen möchte, so muss dies künftig vom gesamten geburtshilflichen Personal und auch von den Gynäkologinnen und Gynäkologen und den Nachsorgehebammen akzeptiert werden! Das Fachpersonal, das Berührungspunkte mit dem Stillen hat, muss geschult und aktiv sensibilisiert werden, Handlungsvorgaben erhalten zu einem wohlwollenden Umgang mit stillenden UND nichtstillenden Müttern und auch insbesondere die Risiken aufgezeigt bekommen, die ein aggressiver, beschämender, erniedrigender und bevormundender Umgang mit den Müttern mit sich bringt.

So haben mir viele Mütter berichtet, dass sie dazu angehalten wurden weiterzustillen, als sie dies nicht mehr tun wollten und unter Tränen über ihre Schmerzen klagten. Es liegt auch die Vermutung nahe, dass Wochenbettdepressionen durch den Stillterror ausgelöst werden können. Die psychische Belastung von Müttern ist in jedem Fall hoch.

Die Gesellschaft übt massiven Druck auf sie aus. Sie gibt ihnen auf vielfältige Arten und Weisen, an allen erdenklichen Orten und durch die verschiedenen Fachpersonen, mit denen Mütter in Berührung kommen, zu verstehen, dass sie stillen müssen, weil sie sonst keine guten Mütter sind. Damit ist es den Frauen jedoch nicht mehr möglich, eine freie, selbstbestimmte Entscheidung zu treffen und sich mit dieser wohlzufühlen. Entweder sie lassen andere übergriffig über ihren Körper bestimmen und ertragen dies und gehen das Risiko ein, eine Depression zu entwickeln. Oder sie entscheiden ganz nach ihren eigenen Bedürfnissen, werden dafür aber das Gefühl, eine schlechte Mutter zu sein, ihrem Kind etwas Schlechtes zu tun oder es gar nicht genug zu lieben, nicht mehr los – was ebenfalls mit dem Risiko einer Depression verbunden ist.

Das Tragische daran: Die Aufdrucke auf der Säuglingsmilch und der Slogan, der in jeder Elternzeitschrift zu lesen ist und den jede Krankenschwester und Hebamme den Müttern vorbetet – »Stillen/Muttermilch ist das Beste für Ihr Kind« – ist schlicht falsch. Das Stillen hat viele Facetten. Es wird jedoch bei der Aussage »Stillen ist das Beste für Ihr Kind« heimlich auf die Inhaltsstoffe reduziert, ohne dass dies ersichtlich wäre. Denn nur so macht dieser Satz überhaupt Sinn. Richtig wäre es zu sagen: Die Inhaltsstoffe der Muttermilch sind meistens besser für ein Kind als die Inhaltsstoffe der Säuglingsmilch. Die Einschränkung »meistens« muss erfolgen, da dies durchaus nicht bei jeder Mutter der Fall ist, beispielsweise wenn die

Muttermilch durch Alkohol-, Nikotin-, Drogenmissbrauch oder Medikamente belastet ist. Fest steht zudem, dass die Inhaltsstoffe der Säuglingsmilch noch nie zuvor so gut an die Inhaltsstoffe der Muttermilch adaptiert waren, wie dies heutzutage der Fall ist.

Doch über die Inhaltsstoffe hinaus lässt sich nicht belegen, dass das Stillen besser für die Kinder wäre als die Säuglingsmilch. Das Stillen und Füttern und Nähren der Kinder geht mit mehr Facetten einher als nur mit den reinen Inhaltsstoffen. Es findet auch ein Austausch zwischen dem Baby und seiner Mutter oder Vater beim Füttern statt. Es kann gekuschelt werden, Eltern und Babys sehen sich in die Augen, es kann eine harmonische oder auch gestresste Stimmung vorliegen. Wenn eine Mutter unter Schmerzen und/oder Tränen stillt, dabei eventuell sogar eine Abneigung oder Aggressionen gegenüber dem Kind verspürt, dann KANN Stillen nicht besser für das Kind sein, als wenn es Säuglingsmilch von einer zufriedenen, entspannten, glücklichen Mutter oder einem Vater gefüttert bekommt. Dieser Aspekt wird bei der Still-Propaganda völlig außer Acht gelassen. Stattdessen wird ein Vorteil beim Punkt Inhaltsstoffe als ein Gesamtvorteil des Stillens gegenüber der Fläschchenmilch dargestellt. Diese Darstellung ist somit falsch oder zumindest verfälschend verkürzt.

Zeit zum Handeln

Es gibt also eine Vielzahl von politischen Veränderungen, die von den Gesetzgebern vorgenommen werden könnten, um die Zufriedenheit von Müttern und Familien zu stärken. Und es gibt noch weitere politische Forderungen von und für Frauen und Mütter, die:

- die Zufriedenheit von Schwangeren, Gebärenden und Müttern steigern würden,

- zu mehr Anerkennung und Wertschätzung für Mütter führen würden und

- für eine stärkere Gleichberechtigung zwischen Männern und Frauen sorgen und damit auch wiederum das Wohlbefinden von Müttern und Familien steigern würden.

Dazu zählen beispielsweise:

- das Einführen einer Frauenquote (oder vielleicht auch einer Mütterquote) für Führungspositionen in Wissenschaft, Wirtschaft und Politik,

- die gesetzliche Verankerung von gleichen Gehältern für Männer und Frauen,

- die Abschaffung des Ehegattensplittings zugunsten eines Familiensplittings auch für unverheiratete Paare oder zur Subventionierung von Kinderbetreuungsplätzen und deren Ausbau,

- die Einführung einer gesetzlichen Regelung, dass Eltern flächendeckend unabhängig vom Arbeitsvertrag und von der Krankenversicherung mindestens je Elternteil für jedes Kind an 15 Werktagen im Jahr bezahlt von der Arbeit freigestellt werden, wenn das Kind erkrankt ist,

- ein Mindestmaß an Körperfett (oder auch einer Mindest-
  kleidergröße oder eines Mindest-BMI) für Laufsteg- und
  Werbemodels, um dem mütterfeindlichen Schönheitsideal
  entgegenzuwirken. Gerade dieses Schönheitsideal trägt einen weiteren Anspruch an Mütter in unserer Gesellschaft
  heran: So zu sein wie die Promi-Mütter, die ihre Aufgaben
  nicht nur perfekt erledigen, sondern dabei natürlich schlank,
  durchtrainiert und perfekt gestylt sind.[87]

Subventionierungen der Hausfrauen-Ehe wie das Ehegattensplitting oder auch bislang das Betreuungsgeld verhindern,
dass Mütter in einer Arbeitsgesellschaft einer Erwerbstätigkeit nachgehen. Stattdessen verschwendet man hier Jahr für
Jahr viele Milliarden, indem die akademischen und beruflichen Qualifikationen von Frauen brachliegen, die diese über
viele Jahre erworben haben. Daher habe ich bereits 2012 gefordert:
»Wir dürfen nicht länger hinnehmen, dass der Staat bei
einer Mutter, die wieder an ihren Arbeitsplatz zurückkehren
möchte, an die Tür klopft und sagt: ›Es wäre mir lieber, du
würdest nicht erwerbstätig sein. Wenn du trotzdem in deinen
Job zurückmöchtest, dann sorge ich dafür, dass du dadurch
keine finanziellen Vorteile, sondern sogar finanzielle Nachteile
hast. Bleibst du schön brav zu Hause, machst dich abhängig
von deinem Mann und verpasst beruflich absolut jeden An-
schluss, dann bezahle ich dich jetzt dafür.‹ Das böse Erwachen
kommt dann später ...«[88]

VIII. Tipps für Frauen mit und ohne Kinderwunsch, für Schwangere, für unglückliche oder bereuende Mütter und für Väter

Was können die Frauen selbst tun, um das Phänomen der bereuenden Mütter zu vermeiden und die Gefahr, selbst früher oder später Mutter zu sein und die Entscheidung für diese Mutterschaft zu bedauern, zu verringern? Die präventiven und auch akuten Maßnahmen, die Frauen selbst ergreifen können, unterscheiden sich natürlich je nach Lebenslage und aktueller Situation.

Tipps für kinderlose Frauen, die dies auch bleiben wollen

Für Frauen, die keine Kinder haben und höchstwahrscheinlich auch keine Kinder bekommen wollen, könnte der simple Rat heißen: Bekommt keine Kinder! Doch das wäre zu kurz gegriffen. Denn diese Frauen leben ja nicht außerhalb von jeglichen sozialen Bezügen, sie sind nicht isoliert von ihren Mitmenschen und werden auch von ihrem Umfeld und gesellschaftlichen Vorgängen beeinflusst. Wenn erst einmal sämtliche Freundinnen plötzlich mit Schwangerschaftsbauch oder Kinderwagen vor ihrer Tür stehen, könnte es passieren, dass auch Frauen, die keinesfalls Kinder bekommen wollten, das dringliche Gefühl verspüren, »mitmachen« zu müssen und zu wollen und nicht »allein« zurückzubleiben, um nicht abgeschnitten und ausgeschlossen zu sein. Kommt dann noch die Drohung dazu: »Du wirst das später so bereuen, wenn du keine Kinder bekommst!«, kann auch ein fester Entschluss ins Wanken kommen.

Die drei Stichworte für kinderlose Frauen zur Verhinderung einer Mutterschaft, die sie bereuen würden, lauten daher: Selbstbewusstsein, Selbstbeobachtung und Selbstreflexion.

Diese Frauen sollten frühzeitig ihr Selbstbewusstsein in den Blick nehmen. Denn sie werden früher oder später gegen den Strom schwimmen, eine gewisse Außenseiterposition innehaben und sich anderen gegenüber rechtfertigen und erklären müssen. Nur mit einem starken Selbstbewusstsein und Vertrauen in die eigenen Ansichten und Talente ist es möglich, diese Position möglichst unbeschadet einzunehmen und auszuhalten.

Wenn eine Frau also das Gefühl hat, ihr Selbstbewusstsein wäre eher schwach ausgeprägt, kritische Kommentare von anderen würden ihr schnell »unter die Haut« gehen oder sie würde dazu neigen, ihre eigenen Bedürfnisse und Interessen schnell hintanzustellen, um von anderen nicht abgelehnt zu werden, sollte sie dringend an ihrem Selbstbewusstsein arbeiten.

Dies kann auf ganz unterschiedliche Art und Weise geschehen, je nachdem, wie schwach das eigene Selbstwertgefühl ausgeprägt ist. Bei manchen Frauen genügt es vielleicht schon, sich autodidaktisch ein paar psychologische Ratgeber durchzulesen und die darin beschriebenen Übungen zu machen. In anderen Fällen sollten Coachings oder Kurse zur Entfaltung des Selbstbewusstseins besucht werden. Frauen mit sehr schlechtem Selbstwertgefühl sollten über eine Therapie nachdenken.

Verspüren Frauen keinen Kinderwunsch und wollen vermeiden, sich doch dazu drängen zu lassen, ein Kind zu bekommen, ohne wirklich zu merken, dass es sich nicht um ihr ureigenstes Bedürfnis handelt, ist es auch wichtig, dass sie sich selbst gut beobachten und kennen. Sie sollten sich folgende Fragen stellen:

- Wie reagiere ich für gewöhnlich auf kleine Kinder?

- Wann fühle ich mich in Gesprächen um (meine) Kinderlosigkeit, Mutterschaft, Babys etc. schlecht und wann gut?

- Wie reagiere ich auf die Sticheleien meiner Mitmenschen ganz direkt in der Situation?

- Welche Emotionen werden durch die Kritik bei mir ausgelöst, und zwar ganz akut, aber auch Stunden oder Tage später noch?

- In welchen Situationen zweifle ich an meinem Entschluss? Wann fühle ich mich mit meiner Entscheidung besonders sicher und wohl?

Die Selbstbeobachtung geht Hand in Hand mit der Selbstreflexion:

- Was genau mag ich am Leben ohne Kinder?

- Was würde mich am Leben mit Kindern stören?

- Weshalb reagiere ich ablehnend/genervt/traurig/aggressiv auf die Kommentare meiner Mitmenschen?

- In welchen Situationen denke ich vielleicht doch darüber nach, ein Kind zu bekommen? Inwiefern ähneln sich diese Situationen? Welche Ereignisse sind ihnen vorausgegangen?

- Ändert sich mein Kinderwunsch bzw. mein Wunsch, keine Kinder zu bekommen, phasenweise oder dauerhaft? Wodurch könnten solche Veränderungen ausgelöst sein und wie genau finde ich heraus, was wirklich zu mir passt?

Das Wichtigste für Frauen, die keine Kinder bekommen wollen, ist es, bei kurzfristigen Gefühlsänderungen nicht spontan spruchreife Entscheidungen zu treffen bzw. Tatsachen zu schaffen, sondern zunächst ausgiebig zu hinterfragen, weshalb man nun gerade jetzt plötzlich doch einen Kinderwunsch verspürt – und abzuwarten, ob dieser von Dauer ist. Kurzschlussentscheidungen helfen niemandem.

Tipps für Frauen mit Kinderwunsch

Frauen mit Kinderwunsch befinden sich zumeist schon mehr oder weniger in der Planungsphase. Sie sind sich sicher, dass sie Kinder bekommen wollen, vielleicht verzichten sie sogar bereits auf Verhütungsmittel. Wenn diese Frauen vermeiden möchten, später einmal ihre Mutterschaft zu bereuen, so ist es wichtig, dass sie sich folgenden Aspekten widmen:

- Warum genau möchte ich ein Kind bekommen?

- Wer möchte ich für das Kind sein?

- Und wer soll das Kind für mich sein?

- Was weiß ich über das Kinderkriegen, aber noch viel wichtiger: über das Kinderhaben?

- Wie kann ich im Vorfeld noch mehr darüber herausfinden, was es genau heißt, ein Kind zu haben?

- Was würde es für mein Leben, meine Partnerschaft, meine berufliche Entwicklung, meine Familie etc. bedeuten, wenn ich kein Kind bekomme?

Letztlich geht es bei Frauen mit Kinderwunsch vor allem darum, den bestehenden Wunsch nochmals genau zu überprüfen. Diese Frauen sollten in sich hineinhorchen und sich fragen, woher dieses Bedürfnis kommt und was es ihnen bedeutet. Natürlich sollten sie nur ein Kind bekommen, wenn sie verspüren und denken, dass es sich tatsächlich um den Wunsch nach einem Kind handelt und nicht etwa um ein ganz anderes Bedürfnis, für das der Kinderwunsch nur ein »Ersatzbedürfnis« darstellt. Dies könnte zum Beispiel der Wunsch nach Aufmerksamkeit oder Liebe sein. Der Wunsch danach, in seiner Clique (mit lauter Schwangeren und Müttern) wieder dazuzugehören. Der Wunsch nach Lebenssinn und Erfüllung. Der Wunsch, den Partner zu halten, der eine Familie will. Es sollte genau hinterfragt werden, ob der Kinderwunsch aus irgendeiner Drucksituation heraus entstanden ist.

Außerdem sollten Frauen mit Kinderwunsch im Vorfeld bereits möglichst realitätsnahe Eindrücke über das Leben mit Kindern sammeln. Sie sollten mit anderen Müttern sprechen, auch mit ihrer eigenen Mutter oder Schwiegermutter. Dabei ist es wichtig, darauf zu achten, dass man an Frauen gerät, die einen ehrlichen Bericht ablegen. Gespräche mit Müttern, die alles verklären und verherrlichen, sind völlig unnütz. Wenn möglich, sollte auch einmal das »Muttersein auf Zeit« mit den Kindern anderer Mütter ausprobiert werden.

Es geht darum, einen absolut realistischen Eindruck davon zu gewinnen, wie das Leben als Mutter mit einem Baby, Kleinkind, Schulkind, Teenager etc. ist. Diese Gespräche sollen nicht bewirken, dass Frauen mit Kinderwunsch davon abgeschreckt werden, Kinder zu bekommen. Doch wer im Vorfeld zumindest ungefähr weiß, worauf er sich einlässt, und weiterhin sagen kann: »Ich möchte jetzt ein Kind bekommen«, bei dem ist das Risiko, später einmal diesen Entschluss zu bereuen, weitaus geringer – wenngleich natürlich nicht ausgeschlossen.

Darüber hinaus ist es außerordentlich wichtig, mit dem Partner über die künftige Arbeitsteilung zu sprechen, wenn gemeinsame Kinder geplant sind. Halten Sie diese Absprachen ruhig schriftlich fest. Leider zeigt sich, dass vor allem die Väter nach der Geburt des Kindes, wenn die Anstrengungen offensichtlich werden, nichts mehr von bisherigen Vereinbarungen wissen wollen und sich stark zurücknehmen, was ihren Anteil an der Kindererziehung und an der Hausarbeit betrifft. Dies ist eine Falle, in die auch heutzutage noch sehr viele Paare tappen. Sie finden sich dann in traditionellen Beziehungsmustern wieder und die Mütter sind unglücklich mit der wenig partnerschaftlichen Arbeitsteilung.

Tipps für Schwangere

Das Kind ist bereits unterwegs. Für Schwangere gilt es daher, sich bestmöglich vorzubereiten. Versuchen Sie, sich ein realistisches Bild vom Leben mit einem Kind zu machen. Zu hohe Erwartungen an einen permanenten Glückszustand, der Sie in jeder Minute mit größter Zufriedenheit erfüllt, bergen die Gefahr von großer Enttäuschung.

Um eine spätere Unzufriedenheit mit der Rolle zu vermeiden, geht es auch bei Schwangeren insbesondere darum, mit dem Partner die Arbeitsteilung zu besprechen, und zwar sehr konkret und detailliert. Unterschätzen Sie dabei nicht den Schlafmangel, der auf Sie und Ihren Partner zukommt, und dass Sie auch nach der Geburt des Kindes Bedürfnisse nach Entspannung, Zeit für sich und beruflicher Entfaltung haben werden. Planen Sie Ihren beruflichen Aus- und Wiedereinstieg realistisch.

Suchen Sie sich bereits jetzt Unterstützung. Das heißt zum einen, dass Sie mit Ihrem Partner klären sollten, was genau er nach der Geburt des Kindes beitragen wird. Planen Sie ein, dass Sie kinderfreie Abende und Wochenenden mit und ohne Ihren Partner brauchen werden, um auch für sich selbst zu sorgen. Kümmern Sie sich rechtzeitig um eine geeignete Kinderbetreuung und besprechen Sie mit Ihrem Arbeitgeber möglichst konkret, wie Sie während Ihrer Elternzeit den Kontakt zum Arbeitsplatz und zu den Kolleginnen und Kollegen halten wollen. Auch der Wiedereinstieg sollte bereits von langer Hand geplant sein.

Tipps für Mütter

Im Folgenden geht es um Tipps für Mütter, die unglücklich sind, ihre Mutterschaft bereuen oder vermeiden wollen, unglücklich zu werden. Frauen, die bereits Kinder – egal welchen Alters – haben, können ebenfalls selbst etwas für ihre eigene Zufriedenheit tun:

Zunächst gilt es herauszufinden, was genau am Leben mit einem Kind bzw. mit Kindern Sie glücklich macht und was daran Sie unglücklich macht. Beobachten Sie Ihre Gefühle und versuchen Sie genau herauszufinden, wo Ihre ganz persönlichen »Glücksbremsen« liegen. Stört Sie vor allem die mangelnde Unterstützung durch Ihren Partner oder das familiäre Umfeld? Oder bereitet Ihnen der geringe Betreuungsumfang in Ihrem ortsansässigen Kindergarten täglich Sorgen? Empfinden Sie die Schwierigkeiten bei der Vereinbarung von Beruf und Familie als besonders unangenehm? Gerade die Vereinbarung von Job und Kind wird von Müttern, die ihre Mutterschaft bereuen, oft als großes Drama geschildert. Sie fühlen sich zerrissen zwischen dem Wunsch, eine gute Arbeitnehmerin und eine gute Mutter zu sein. Die meisten Arbeitsplätze in Deutschland sind nach wie vor sehr familienunfreundlich. Zudem bringen mangelnde Betreuungsmöglichkeiten Eltern oft in große Schwierigkeiten.

Versuchen Sie, Ihre Sorgen und Nöte nicht oberflächlich zu betrachten und ganz allgemein über die schlechten Möglichkeiten der Vereinbarung oder den Vereinbarungsstress zu klagen. Schauen Sie sich ganz konkret an, welche Regelungen und welche fehlenden Angebote es genau sind, die sich negativ auf Ihr Wohlbefinden auswirken. Sind es die ungünstigen Arbeitszeiten? Sind es die Kolleginnen und Kollegen, die ständig spitze Bemerkungen gegenüber Müttern am Arbeitsplatz machen? Bereitet der Betreuungsumfang in Relation zur täglichen Arbeitszeit Probleme, weil Sie sich ständig abhetzen müssen? Sind es die Improvisationen, die nötig werden, wenn ein Kind kurzfristig erkrankt oder die Kita Betriebsausflug hat, die Sie belasten und unzufrieden machen?

Nur wenn Sie die Schrauben, an denen Sie selbst drehen könnten, ganz konkret erkannt haben, lässt sich auch etwas an Ihrer Situation verbessern. Dann erst kann man beginnen zu überlegen, wie die Probleme eventuell aus dem Weg geräumt werden könnten und auf welche Art man für Entlastung sorgen kann. Nur wer so detailliert wie möglich weiß, was ihn stört und stresst, kann nach passgenauen Lösungen suchen.

Wer merkt, dass im morgendlichen Ablauf eine helfende Hand fehlt, damit der Tag nicht bereits vor 8 Uhr in Stress ausartet, kann mit seinem Partner über dessen Unterstützung sprechen oder sich für einen späteren Arbeitsbeginn bei der Chefin oder dem Chef einsetzen oder versuchen, den Betreuungsbeginn von 8 Uhr auf 7.30 Uhr vorzuverlegen. Wem bereits täglich um 19 Uhr die Kräfte schwinden, weil der Tag mit Job und Kind und Haushalt so kräftezehrend war, kann versuchen, sich Abende »freizunehmen«, indem der Partner, ein Babysitter oder die Großeltern auf das Kind aufpassen. Und wer sich zu Hause allein mit dem Kind zunehmend unwohl fühlt und an den Arbeitsplatz zurücksehnt, kann versuchen, den Wiedereinstieg vorzuverlegen.

Natürlich kann damit nicht ausgeschlossen werden, dass Mütter ihre Mutterschaft bereuen. Doch alles, was dazu beiträgt, dass Mütter ganz ehrlich herausfinden, was sie wirklich glücklich macht und was dabei hilft, Lösungen und Möglichkeiten zu finden, die zur Steigerung ihres Wohlbefindens beitragen, wird das Risiko, die Mutterschaft zu bereuen, schmälern.

Mütter, die ihre Mutterschaft bereuen, sollten sich darüber hinaus professionelle Hilfen suchen. Scheuen Sie sich nicht davor, eine Therapeutin aufzusuchen. Dabei geht es nicht darum, dass hier bereuende Mütter als psychisch krank dargestellt werden sollen oder ihnen das Reuegefühl regelrecht »wegtherapiert« werden soll. Doch wie sich in den Schilderungen bereuender Mütter zeigt, sind die psychischen Belastungen für sie enorm: Sie werden stigmatisiert und ausgegrenzt, sie können mit kaum jemandem über ihre Gefühle reden, sie haben Schuldgefühle den Kindern gegenüber. In einer Therapie können sie frei über ihre Situation reden und lernen, wie sie mit dem feindlich gesonnenen Umfeld umgehen können. Zudem kann ein Therapeut oder eine Therapeutin dabei helfen, seine eigenen Grenzen zu spüren und ernst zu nehmen und diejenigen Schrauben im Alltag zu finden, an denen man noch drehen kann, um die Mutterrolle zu entlasten.

Suchen Sie sich vielfältige Unterstützungsmöglichkeiten für den Alltag. Wer könnte mehr Aufgaben übernehmen, damit Sie entlastet werden? Kann der Vater stärker eingespannt werden oder sind es die Großeltern, die vermehrt unterstützen können? Werden die Möglichkeiten der Kinderbetreuung durch Kita oder Babysitter bereits ausgeschöpft?

Sie bekommen zu wenig Unterstützung vom Partner? Vielleicht kann im Rahmen einer Paarberatung oder -therapie über diesen ungeklärten Konflikt gesprochen werden.

Tipps für (künftige) Väter

Die meisten Männer wollen natürlich nicht, dass ihre Partnerin durch die Mutterschaft unglücklich wird. Daher rate ich ihnen dringend, ihre Partnerinnen nicht zu einem Kind zu drängen. Männer, die dies tun, denken vielleicht an das rosigharmonische Bild einer Kleinfamilie, das sie im Kopf haben, und kämen nicht mal auf die Idee, dass ein Kind ihre Partnerin und letztlich auch sie selbst unglücklich machen könnte. Eine Frau, die Zweifel hat oder partout kein Kind bekommen möchte, sollte niemals dazu gedrängt werden, Mutter zu werden.

Zudem sollten Männer bedenken, dass das Familienglück zu einem großen Teil auch von ihnen abhängt. Wer Kinder haben möchte, sollte sich nicht auf die reine Ernährerrolle als Vater zurückziehen. Die Aufgaben und die Verantwortung, die Kinder mit sich bringen, sind nur äußerst schwer von einer Person zu schultern – Elternzeit bedeutet nicht »Ich bleibe gemütlich zu Hause und mache mit dem Kind ein bisschen Heiteitei«. Auch Männer sollten im Vorfeld versuchen, sich ein möglichst realistisches Bild vom Leben mit einem Kind zu machen. Außerdem sollten sie ihrer Partnerin noch vor der Schwangerschaft sagen, wie stark und in welchem Umfang sie bereit sind, sich in Küche und Kinderzimmer zu beteiligen. Lügen und Übertreibungen, um die Partnerin doch noch zum Kind zu bewegen, nur um dann nach der Geburt einen Rückzieher zu machen, wären grundfalsch.

Ein Vater, der in Elternzeit geht, Windeln wechselt, mit seinen Kindern Hausaufgaben macht, Essen kocht oder seine Arbeitszeit reduziert, ist längst nicht mehr unmännlich. Tatsächlich kann es sein, dass ein Arbeitgeber nicht begeistert ist, wenn man Elternzeit beantragt oder seine Stelle reduzieren möchte. Doch mit genau diesen Reaktionen und Schwierigkeiten leben Frauen bereits seit vielen Jahren. Dass berufliche Nachteile befürchtet werden, lässt man bei Vätern, die sich deswegen aus der Kindererziehung lieber heraushalten, gelten. Mütter haben diese Nachteile auch. Hier interessiert es jedoch keinen. Väter haben das Potenzial, die Gesellschaft mit umzukrempeln und für mehr Gleichberechtigung zu sorgen.

Denn eins ist klar: Wenn Männer zunehmend für die Familie beruflich zurückstecken, dann können familienunfreundliche Arbeitgeber sich künftig nicht mehr vor ihrer gesellschaftlichen Verantwortung drücken, indem sie Frauen diskriminieren. Eine Frau nicht einzustellen oder zu befördern, weil sie Mutter werden könnte, oder eine Mutter nicht einzustellen, weil sie bereits Mutter ist – diese diskriminierenden

Entscheidungen könnten dann nicht mehr zielführend getroffen werden. Wenn ein Chef nicht mehr weiß, ob der männliche oder die weibliche Angestellte demnächst eine familienbedingte Auszeit einlegt, dann ist ein sexistisches Einstellungs- und Beförderungssystem, das es in so manchem Unternehmen gibt, auf den Kopf gestellt.

Daher lautet mein Rat an Väter: Bringen Sie sich mehr ein bei Haushalt und Kinderbetreuung! Ihre Partnerinnen werden zufriedener, die Beziehung harmonischer, die Kinder glücklicher, und ganz nebenbei können Sie gesellschaftliche Pionierarbeit und einen Beitrag zu einer gerechteren Welt leisten.

IX. Fazit

Am Ende dieses Buches zum Thema Regretting Motherhood sollten nochmals folgende Fragen in den Blick genommen werden:

- Welches Mutterbild haben wir in unserer Gesellschaft und welches Mutterbild möchten und sollten wir haben?

- Welchen Einfluss hat der Muttermythos auf Frauen und Mütter, auf Väter, auf Kinder und auf die gesamte Gesellschaft?

- Wie stehen der Umgang mit gewollt Kinderlosen in einer Gesellschaft und das Phänomen Regretting Motherhood in Zusammenhang?

- Welchen Anteil hat die Politik an den bereuenden Müttern und wie kann die Politik diesem Phänomen präventiv entgegenwirken?

- Was können Mütter und Väter, Medien und Gesellschaft tun, damit es möglichst selten dazu kommt, dass eine Frau ihre Mutterschaft bereut?

• Inwiefern muss sich der Umgang mit den bereuenden Müttern ändern?

Wie wir in Kapitel III gesehen haben, ist unser aktuelles Mutterbild völlig überholt, frauenfeindlich und anachronistisch. Doch problematisch daran ist nicht nur, dass wir nach wie vor die Frau in der Hauptverantwortung für Familie, Kinder und Haushalt sehen und Frauen über ihre Kinder definieren. In den letzten Jahrzehnten haben wir das Mutterbild auch immer weiter angereichert mit neuen Ansprüchen und immer mehr Anforderungen. Es ist ein Mutterbild, dem keine Frau mehr gerecht werden kann. Es ist schlicht unmöglich, die Vielzahl an Aufgaben zu erfüllen, die heutzutage an Mütter herangetragen werden. Dass Mütter unglücklich werden, ist damit vorprogrammiert.

Während uns also in den Medien und von der Politik vorgegaukelt wird, dass Mutterschaft ein Glücksbringer par excellence sei, ist die Mutterrolle zum Quell für Unglück geworden. So verwundert es auch nicht, dass in einer aktuellen Studie herausgefunden wurde, dass keine einschneidende Lebensveränderung so unglücklich macht wie der Umstand, dass man ein Kind bekommen hat![89]

Die Soziologin Rachel Margolis und der Demograf Mikko Myrskylä haben untersucht, wie sich die Geburt des ersten Kindes auf die Zufriedenheit der Eltern auswirkt im Vergleich zu anderen einschneidenden Ereignissen. In ihrem Aufsatz *Parental Well-being Surrounding First Birth as a Determinant of Further Parenty Progression* stellen sie die Ergebnisse ihrer Studie dar:

In den Langzeitstudien des Deutschen Instituts für Wirtschaftsforschung werden 20.000 Menschen in 11.000 Haushalten unter anderem zu ihrer Zufriedenheit mit ihrem Leben befragt. Die Antwortmöglichkeiten reichen von 0 (total unzufrieden) bis 10 (komplett zufrieden). Auf diese Studien haben Margolis und Myrskylä zurückgegriffen und die Ergebnisse analysiert. Demnach sinkt das Wohlbefinden um durchschnittlich 0,6 Punkte auf dieser Skala bei Scheidung und um jeweils einen Punkt bei Arbeitslosigkeit und beim Tod des Partners. Nach der Geburt des ersten Kindes jedoch sinkt das Wohlbefinden durchschnittlich um 1,4 Punkte![90]

Diese Erkenntnis muss man sich erst mal vor Augen führen: Kein schlimmes Lebensereignis wie Scheidung, Arbeitslosigkeit oder sogar der Tod des Partners machen einen Menschen so viel unglücklicher, als er es zuvor war, wie die Geburt des Kindes.

Kinder können also unglücklich machen. Mehr noch: Statistisch gesehen ist die Wahrscheinlichkeit höher, dass Kinder ihre Eltern unglücklich machen, als dass Kinder glücklich machen. Margolis und Myrsklä sehen dies als Ursache dafür, dass viele Paare nach dem ersten Kind keine weiteren Kinder bekommen.

Diese Unzufriedenheit hängt natürlich mit einigen unabänderlichen Aspekten rund um das Kinderkriegen zusammen: Die Geburt eines Babys bringt unweigerlich Schlafmangel mit sich. Ein Baby kostet Zeit und Geld und die Eltern – meist sind davon insbesondere die Mütter betroffen – müssen ihre eigenen Bedürfnisse für eine lange Zeit hintanstellen. Doch es gibt eben auch weitere veränderliche Faktoren, die die Unzufriedenheit junger Eltern und vor allem junger Mütter schüren:

Zum einen die falsch-positiven Erwartungen, die automatisch enttäuscht werden müssen und durch den Muttermythos überhaupt erst in die Köpfe der Frauen und Männer gelangen. Wer damit rechnet, die Zeit mit Baby würde die glücklichste

Phase seines Lebens, alle Sorgen wären vergessen und ein dauerhafter beseelter Glückszustand würde sich regelrecht automatisch einstellen, muss zwangsläufig enttäuscht werden.

Zum anderen sind es aber auch die enormen Erwartungen, die an Mütter inzwischen gestellt werden. Sie sollen das Kind rund um die Uhr bespaßen und fördern, dabei stets auf dem neusten Stand sein, was die Kleinkindförderung und die Anregung aller Sinne der Kleinen angeht. Sie soll stillen und Brei selber kochen. Sie soll vor der Anschaffung eines jeden Produkts wie Schnuller, Babycreme, Regencape oder Kindersitz eingehend Kataloge von Warentests und Ökotests studieren, um das einzig wahre, das allerbeste, nicht krebserregende und absolut sichere Produkt herauszufiltern und zu besorgen. Die Wohnung soll blitzen und blinken, der Geburtstagskuchen ein selbst gemachtes konditorgleiches Tortengebilde sein, alles muss selbst gekocht, gebacken und gebastelt sein. Sie soll Bücher über das Muttersein und das Kinder erziehen lesen und Babymassage-, Babyschwimm- und PEKiP-Kurse besuchen. Sie soll auf dem Adventsbasar des Kindergartens mithelfen und bei der Schulbücherei den Elterndienst übernehmen. Nebenbei möchte sie natürlich berufstätig sein. Da aber alle Welt von ihr erwartet, dass sie ihr Kind bereits mittags – in jedem Fall aber vor all den anderen Kindern – aus der Kita abholt, sind all diese Aufgaben menschenunmöglich in 24 Stunden jeden Tag zu erfüllen.

Je nach gesellschaftlicher Schicht und Region sind die Ansprüche natürlich verschieden, die an Mütter gestellt werden. Doch eins ist in jeder Schicht und in jeder Region und in jeder Altersklasse gleich: Die Erwartungen an Mütter sind derart überhöht und ihr Aufgabenkatalog derart angeschwollen, dass sie dieser Rolle unmöglich gerecht werden können. Mütter empfinden sich also permanent als defizitär und scheiternd.

Noch dazu fehlt jegliche gesellschaftliche Anerkennung für diese Aufgaben. Stattdessen kritisieren und demütigen sich Mütter gegenseitig, wie ich in meinem Buch *Mütterterror – Angst, Neid und Aggressionen unter Müttern* beschrieben habe.[91]

Kein Wunder also, dass Mütter zunehmend unzufrieden sind.

Bei der Analyse der Fragebögen der bereuenden Mütter wurde sehr deutlich, was diese selbst als Ursachen für ihr Unglück bezeichnen. Viele haben detailliert geschildert, was genau sie an der Mutterrolle belastet, und die meisten befragten Mütter haben auch entsprechende Wünsche formuliert und an die Gesellschaft, die Medien, ihre Mitmenschen und die Politik gerichtet.

Der Aspekt, der von allen Müttern angesprochen und von den meisten auch sehr ausführlich beschrieben wurde, ist der gesellschaftliche Druck, der auf Mütter ausgeübt wird. Dabei haben sie die verschiedenen Facetten dieses Mütterterrors als sehr belastend beschrieben:

- dass die Medien die Mutterschaft stets als größten Glücksspender für Frauen darstellen,

- dass die Gesellschaft Frauen nach wie vor über ihre Kinder definiert,

- dass der Aufgabenkatalog für Mütter viel zu dick ist,

- die unablässige Kritik, die Sticheleien, offen, subtil oder hinter dem eigenen Rücken geäußert, die schiefen Blicke, die ungebetenen Ratschläge, die Frauen ab dem Zeitpunkt der Schwangerschaft von allen Seiten bekommen,

- der Konkurrenzkampf bei Müttern untereinander,

- das Tabu, über seine Unzufriedenheit zu sprechen.

Darüber hinaus fehlt den meisten Müttern Zeit für sich selbst und sie fühlen sich unwohl, weil sie Verantwortung für einen anderen Menschen tragen müssen. Die Verantwortung belastet sie, weil die Aufgabe, einen Menschen großzuziehen, von so enormer Tragweite ist und sie sich dabei auch noch alleingelassen fühlen. Und die Elternratgeber und -zeitschriften machen täglich deutlich, wie enorm wichtig es bei der Erziehung ist, auf jedes noch so kleine Detail zu achten. Jeder falsch ausgewählte Schnuller, jeder zu schwere Schulranzen, jede Geburtstagsfeier ohne professionelles Kinder-Entertainment kann angeblich über den kompletten »Erfolg« der Erziehung entscheiden. Es ist kein Geheimnis, dass der zunehmende Stress, den Elternschaft heutzutage mit sich bringt, bereits Mütter und Väter krank gemacht hat.[92]

Es verwundert auch nicht, dass die befragten Frauen immer wieder angeben, die Vereinbarung von Familie und Beruf wäre quasi unmöglich und würde sehr an ihren Nerven zehren. Darüber hinaus fühlen sie sich unwohl, weil ihre finanzielle Situation angespannter ist durch die Kosten, die ein Kind verursacht (und die Tatsache, dass weniger Einnahmen hereinkommen als bei Kinderlosen). Und auch der Umstand, dass viele von ihnen finanziell vom Partner abhängig sind, wird als sehr negativ beschrieben. Überhaupt mangelt es ihnen an Unterstützung durch die Partner. Dieser Aspekt zieht sich ebenfalls durch fast alle Fragebögen und erklärt, warum die meisten Mütter »Zeit für sich« vermissen.

Eine Egalisierung der Geschlechterrollen würde hier sicherlich für Entlastung und mehr Zufriedenheit sorgen. Durch eine verstärkte Mitarbeit der Väter könnten die Frauen auch eher Zeit zu ihrer eigenen Verfügung haben, die Verantwortung würde geteilt und sie würden sich nicht ganz so stark in ihrer Freiheit beschränkt sehen.

Doch das praktizierte Geschlechterarrangement hängt eben auch wiederum mit dem sozialen Druck zusammen. Noch gilt eine Mutter, die sich mit dem Vater die Kindererziehung 50:50 teilt, als Rabenmutter. Und genau dieser soziale Druck wurde von den Frauen als äußerst belastend beschrieben.

Aber auch der Umgang mit gewollt kinderlosen Frauen zeigt uns, wie viel Druck auf Frauen ausgeübt wird, ein sozialer Druck, der letztlich Unzufriedenheit und Unglück schürt und damit auch das Phänomen Regretting Motherhood verstärkt. Wenn gewollte Kinderlosigkeit als unnatürlich, abartig und unnormal dargestellt wird, werden Frauen dazu gedrängt, Kinder zu bekommen, obwohl sie es nicht wollen. Nicht selten wird gewollt kinderlosen Frauen ja sogar unterstellt, sie wären psychisch krank – so wie dies übrigens auch den bereuenden Müttern unterstellt wird.

Keine Kinder zu wollen oder die Mutterschaft abzulehnen, gilt als mit der Frauenrolle nach wie vor als unvereinbar. Es wird unterstellt, eine gesunde Frau würde Kinder wollen und die Mutterschaft lieben. Eine Frau, die dies nicht möchte oder mag, muss einen gesundheitlichen oder geistigen Defekt haben.

Natürlich wird sich durch diesen aggressiven und destruktiven Umgang mit gewollt kinderlosen Frauen nicht jede Frau dazu drängen lassen, nun trotz ihrer eigenen Ablehnung ein Kind zu bekommen. Doch selbst wenn es nur jede fünfte oder jede zehnte oder sogar nur jede 100. Frau ist, die eigentlich keine Kinder wollte und dann schließlich dem sozialen Druck nicht mehr standhält und deshalb doch nachgibt, sind dies zu viele Frauen, die ein sehr hohes Risiko haben, ihre Mutterschaft früher oder später zu bereuen.

Aber nicht nur unser gesellschaftliches Mutter- und Frauenbild muss sich ändern, wenn wir der zunehmenden Verbreitung des Phänomens Regretting Motherhood vorbeugen wollen und erreichen wollen, dass Mütter wieder zufriedener und glücklicher sind. Im siebten Kapitel sind zahlreiche Einflüsse der Politik aufgezeigt worden. Dabei ist zum einen deutlich geworden, welche destruktiven politischen Regelungen derzeit existieren, beispielsweise das Betreuungsgeld, das 2012 eingeführt und zum Zeitpunkt der Drucklegung glücklicherweise als unzulässig erklärt wurde. Darunter fallen aber auch das Ehegattensplitting und die Werbegesetze zum Thema Stillen und Säuglingsnahrung.

Zudem habe ich eine Vielzahl von positiven Einflussmöglichkeiten der Politik aufgezeigt und Maßnahmen vorgeschlagen, die zur Zufriedenheit von Müttern, Frauen und Familien beitragen und der traditionellen Frauenrolle entgegenwirken können. So müssen die Betreuungsplätze für jede Altersstufe ausgebaut werden. Ganz wichtig ist es, hierbei nicht die Schulkinder zu vergessen. Zudem muss eine adäquate Hausaufgabenregelung gefunden werden. Zu oft bedeutet Ganztagsschule bereits ab der ersten Klasse, dass die Kinder bis 15, 16 oder 17 Uhr in der Schule sind und danach noch inoffiziell einen guten Teil der Hausaufgaben erledigen müssen, weil dies für viele Kinder in den überfüllten »Hausaufgabenbetreuungen« schlicht nicht möglich ist. Die Betreuungskosten müssen zudem vereinheitlicht und deutlich reduziert werden. Keine Mutter darf sich gezwungen fühlen, zu Hause zu bleiben oder weniger zu arbeiten, als sie eigentlich möchte, weil sie sich den Betreuungsplatz (oder bei mehreren Kindern auch mehrere Plätze) einfach nicht leisten kann.

Auch das Wiedereingliederungsmanagement und der 14-tägige Vaterschutz sowie längere Elternzeiten für Väter zielen als Maßnahmen darauf ab, das Wohlbefinden von Müttern zu erhöhen, den Stress zu senken und ihre Bedürfnisse ernst zu nehmen.

Darüber hinaus brauchen wir familienfreundliche Arbeitsplätze. Das gesamte Klima muss sich bei den Arbeitgebern wandeln. Derzeit existieren bereits verschiedene Siegel, die sich Arbeitgeber »verdienen« können, wenn sie sich in puncto Familienfreundlichkeit engagieren. Dazu zählen beispielsweise das »audit beruf und familie«, das »audit familiengerechte hochschule« und die Charta »Familie in der Hochschule«, an deren Erstellung ich 2013/2014 als Vertreterin für die Leibniz Universität Hannover maßgeblich beteiligt war.[93]

Zuletzt ging es darum, wie gewollt Kinderlose, Frauen mit Kinderwunsch, Schwangere und Mütter ihre Situation auch selbst verbessern können. Durch diese Tipps soll nicht ignoriert oder verdeckt werden, dass einzelne Individuen schlecht das Mutterbild einer ganzen Gesellschaft verändern oder das politische System umkrempeln können. Die Ratschläge für die Betroffenen sind lediglich als Ergänzung gedacht. Viele Kinderlose und Mütter tun bereits alles dafür, um möglichst zufrieden mit ihrer Lebenssituation zu sein. Bei manchen besteht noch die Möglichkeit, durch individuelle Lösungen die Zufriedenheit ein wenig zu verbessern.

Doch es sind nicht nur die Kinderlosen, die Schwangeren und die Mütter, die dazu beitragen können, dass sich Mütter wohler in ihrer Haut fühlen, und die helfen können, die Entstehung eines Reuegefühls bei Müttern zu verhindern oder zu vermindern. Die gesamte Gesellschaft, die Medien sogar in Vorreiterposition, formt unser Frauen- und Mutterbild. Es liegt an uns allen, Frausein nicht länger mit Muttersein gleichzusetzen, Muttersein nicht automatisch mit »glücklich sein« gleichzusetzen und die Ablehnung der Mutterrolle nicht länger als unnormal anzusehen.

Die Hinweise dazu, wie man dafür sorgen kann, dass weniger Frauen ihre Mutterschaft bereuen, sollen jedoch nicht den Eindruck erwecken, dass sich dieses Buch GEGEN die bereuenden Mütter richtet. Dieses Buch wurde geschrieben, um das Tabuthema Regretting Motherhood ans Tageslicht zu holen. Es geht darum, diese Mütter zu verstehen. Es geht darum, nicht länger offenkundige gesellschaftliche Missstände zu ignorieren und hierfür die bereuenden Mütter in eine tabuisierte Zone oder ins Pathologische »abzuschieben«. Wir müssen die frauenfeindliche und mütterfeindliche Kultur unserer Gesellschaft beleuchten. Dann können wir uns auch ohne Vorurteile den bereuenden Müttern nähern. Und wenn wir uns unvoreingenommen mit den bereuenden Müttern beschäftigen, werden wir auch zwangsläufig von ihnen – allein durch ihre Existenz – mit unserer frauen- und mütterfeindlichen Kultur konfrontiert. Wenn wir uns trauen, uns mit diesem Thema zu befassen, dann können wir alle, Frauen und Männer, Mütter und Väter, Kinder und auch bereuende Mütter, nur von dieser Diskussion profitieren. Denn nur dann sind Veränderung und Fortschritt möglich.

Dank

Als Erstes möchte ich mich bei der Münchner Verlagsgruppe bedanken, für die Möglichkeit, dieses Buch zu veröffentlichen. Ganz besonderer Dank gilt der Lektorin Julia Jochim, die mir mit zahlreichen Tipps und Vorschlägen zur Seite stand und sich mit viel Engagement und Leidenschaft in das Thema eingearbeitet hat.

Darüber hinaus danke ich den Müttern, die mit ihren Schilderungen zu diesem Buch beigetragen haben, für ihren Mut und ihre Offenheit und Ehrlichkeit. Ohne sie hätte es dieses Buch nicht gegeben.

Außerdem gilt mein Dank meinen Eltern und Dr. Kolja Frey dafür, dass sie mir den Rücken freigehalten haben. Für Zuspruch und Ratschläge danke ich Katharina Pahl und Lydia Lütgering.

Meinen Kindern, Alexis und Svea, danke ich für ihre Liebe, ihr Verständnis und ihre Nachsicht.

Quellennachweise

1 Vgl. Orna Donath: Regretting Motherhood: A Sociopolitical Analysis, In: Journal of Women in Culture and Society, 40/2, 2014, S. 343–367.

2 Ebd., S. 344 ff.

3 Vgl. Homepage der Tagesschau, Michael Stürzenhofecker: Marmorkuchen reicht nicht mehr, http://www.tagesschau.de/inland/mutterschaft-mutter-regretting-motherhood-103.html, Stand: 6.9.2015.

Vgl. Homepage der Aachener Zeitung, Madeleine Gullert: Unglückliche Mütter, die ihr Leben zurückwollen, http://www.aachener-zeitung.de/lokales/region/unglueckliche-muetter-die-ihr-leben-zurueckwollen-1.1082182, Stand: 6.9.2015.

Vgl. Homepage von 3Sat, Sendung Kulturzeit, http://www.3sat.de/mediathek/?mode=play&obj=51003

Vgl. Homepage der Süddeutschen Zeitung, Violetta Simon: Wir brauchen Mütter, die ihre Grenzen kennen, http://www.sueddeutsche.de/leben/regretting-motherhood-wir-brauchen-muetter-die-ihre-grenzen-kennen-1.2439821, Stand: 6.9.2015.

Vgl. Homepage der Süddeutschen Zeitung, Esther Göbel: Sie wollen ihr Leben zurück, http://www.sueddeutsche.de/gesundheit/unglueckliche-muetter-sie-wollen-ihr-leben-zurueck-1.2419449, Stand: 6.9.2015.

Weitere Beiträge befinden sich im Literaturverzeichnis.

4 Esther Göbel: Sie wollen ihr Leben zurück, In: Süddeutsche Zeitung Online, http://www.sueddeutsche.de/gesundheit/unglueckliche-muetter-sie-wollen-ihr-leben-zurueck-1.2419449-4, Stand: 6.9.2015.

5 Vgl. Lea Thies: »Ich liebe mein Kind, aber …« – wenn Mütter mit ihrer Rolle hadern, Homepage der Augsburger Allgemeinen, Artikel vom 10.5.2015, http://www.augsburger-allgemeine.de/panorama/Ich-liebe-mein-Kind-aber-wenn-Muetter-mit-ihrer-Rolle-hadern-id33989927.html, Stand: 6.9.2015.

6 Louisa, Lang: Mutterliebe. Nur ein Mythos?, Norderstedt 2014, S. 9.

7 Gaby Gschwend: Mütter ohne Liebe. Vom Mythos der Mutter und seinen Tabus, Nachdruck der 1. Auflage, Bern 2013, S. 41.

8 Ebd., S. 45.

9 Ebd., S. 45.

10 Vgl. Kristina Schröder, Caroline Waldeck: Danke, emanzipiert sind wir selber! Abschied vom Diktat der Rollenbilder, München 2012.

11 Vgl. ebd., S. 31, S. 40 und S. 42.

12 Vgl. ebd., S. 57.

13 Vgl. ebd., S. 33.

14 Vgl. Christina Mundlos: Mütterterror. Angst, Neid und Aggressionen unter Müttern, 2. erweiterte Auflage, Marburg 2013, S. 180f.

15 Kristina Schröder, Caroline Waldeck: Danke, emanzipiert sind wir selber! Abschied vom Diktat der Rollenbilder, München 2012, S. 204.

16 Ebd., S. 204.

17 Christina Mundlos: Mütterterror. Angst, Neid und Aggressionen unter Müttern, 2. erweiterte Auflage, Marburg 2013, S. 187.

18 Vgl. Cornelia Behnke, Michael Meuser: Vereinbarkeitsmanagement. Zuständigkeiten und Karrierechancen bei Doppelkarrierepaaren, In: Heike Solga, Christine Wimbauer (Hrsg.): »Wenn zwei das Gleiche tun …« – Ideal und Realität sozialer (Un-)Gleichheit in Dual Career Couples, Opladen 2005, S. 123-139.

19 Vgl. Bericht zur Jahrespressekonferenz des Müttergenesungswerks 2015 – Zahlen und Fakten, Homepage des Müttergenesungswerks: http://www.muettergenesungswerk.de/uploads/635/MGW_Jahrespressekonferenz_2015_Zahlen_und_Fakten.pdf, Stand: 13.9.15.

20 Vgl. ebd.

21 Vgl. Orna Donath: Regretting Motherhood: A Sociopolitical Analysis, In: Journal of Women in Culture and Society, 40/2, 2014, S. 360f.

22 Vgl. Giuseppe Galli: Psychologie der sozialen Tugenden, 2. erweiterte Auflage, Wien/Köln/Weimar 2005, S. 94.

23 Ebd., S. 96.

24 Vgl. ebd., S. 101.

25 Vgl. Orna Donath: Regretting Motherhood: A Sociopolitical Analysis, In: Journal of Women in Culture and Society, 40/2, 2014, S. 344.

26 Gaby Gschwend: Mütter ohne Liebe. Vom Mythos der Mutter und seinen Tabus, Nachdruck der 1. Auflage, Bern 2013, S. 44.

27 Vgl. Dirk Kranz: ...Was nicht mehr zu ändern ist. Eine Untersuchung zum Gefühl der Reue aus bewältigungstheoretischer Sicht, Berlin 2005, S. 11.

28 Vgl. ebd., S. 12.

29 Vgl. Orna Donath: Regretting Motherhood: A Sociopolitical Analysis, In: Journal of Women in Culture and Society, 40/2, 2014, S. 359f.

30 Louisa Lang: Mutterliebe. Nur ein Mythos?, Norderstedt 2014, S. 9.

31 Vgl. ebd., S. 9.

32 Gaby Gschwend: Mütter ohne Liebe. Vom Mythos der Mutter und seinen Tabus, Nachdruck der 1. Auflage, Bern 2013, S. 13.

33 Vgl. hierzu Christina Mundlos: Die traditionelle Mutterrolle als Heilsversprechen. Argumentationsanalyse am Beispiel von Eva Herman und Christa Meves, Marburg 2010.

Vgl. hierzu Eva Herman: Die Emanzipation – ein Irrtum?, In: Cicero. Magazin für politische Kultur 5/2006.

Vgl. hierzu Eva Herman: Das Eva-Prinzip. Für eine neue Weiblichkeit, München 2007.

Vgl. hierzu Christa Meves: Kinderschicksal in unserer Hand. Erfahrungen aus der psychagogischen Praxis, Freiburg/Basel/Wien 1974.

Vgl. hierzu Christa Meves: Ohne Familie geht es nicht. Ihr Sinn und ihre Gestaltung, Kassel 1983.

Vgl. hierzu Christa Meves: Es geht um unsere Kinder. Erfahrungen und Einsichten aus der Beratungspraxis, Gießen 1988.

34 Vgl. Louisa, Lang: Mutterliebe. Nur ein Mythos?, Norderstedt 2014, S. 8.

35 Vgl. Christina Mundlos: Die traditionelle Mutterrolle als Heilsversprechen. Argumentationsanalyse am Beispiel von Eva Herman und Christa Meves, Marburg 2010, S. 91ff.

36 Vgl. ebd., S. 83ff.

37 Vgl. Martin R. Textor: Wohin mit meinem Kind? Formen und Auswirkungen der Fremdbetreuung, Homepage http://www. kindergartenpaedagogik.de/361.html, Stand: 13.9.2015.

Christina Berndt: Krippen schaden nicht, Artikel vom 7.5.2012 auf der Homepage der Süddeutschen Zeitung, http://www.sueddeutsche. de/wissen/mutter-und-kind-krippen-schaden-nicht-1.1025088, Stand: 13.9.2015.

38 Vgl Susie Reinhardt: Kindheit ist nicht das ganze Leben, In: Psychologie Heute (2/2014), S. 10.

39 Karl Heinz Brisch: Schwangerschaft und Geburt, Stuttgart 2013, S. 116ff.

40 Vgl. Christina Mundlos: Mütterterror. Angst, Neid und Aggressionen unter Müttern, 2. erweiterte Auflage, Marburg 2013, S. 21ff.

41 Andrea Maihofer: Was wandelt sich im aktuellen Wandel der Familie?, In: Beerjorst, J.; Demirovic, A.; Guggemos, M. (Hrsg.): Kritische Theorie im gesellschaftlichen Strukturwandel, Frankfurt am Main 2004, S. 386.

42 Vgl. Louisa Lang: Mutterliebe. Nur ein Mythos?, Norderstedt 2014, S. 6f.

43 Vgl. ebd., S. 7f.

44 Ebd., S. 7.

45 Herrad Schenk: Die feministische Herausforderung. 150 Jahre Frauenbewegung in Deutschland, 6. Auflage, München 1992, S. 20.

46 Vgl. ebd., S. 69.

47 Vgl. ebd., S. 73.

48 Barbara Vinken: Die deutsche Mutter – Der lange Schatten eines Mythos, Frankfurt am Main 2007, S. 33.

49 Vgl. ebd., S. 34f.

50 Homepage der Zeitschrift Focus, Artikel vom 14.10.2007, Laetitia Seybold: Die Mehrheit will in den Job zurück, http://www.focus.de/finanzen/ karriere/berufsleben/beruf-und-familie/tid-7656/berufstaetige-muetter_ aid_135719.html, Stand: 6.9.2015.

51 Vgl. Susan Faludi: Backlash: The Undeclared War Against American Women, 1991.

52 Vgl. Katharina Voß: Postfeminismus und antifeministischer Backlash, http://www.sexism-sells.so36.net/Postfeminismus.html, Stand: 13.9.2015.

53 Vgl. Hausfrauen-Ehe abgeschafft, Homepage des FrauenMediaTurms: http://www.frauenmediaturm.de/themen-portraets/chronik-der-neuen-frauenbewegung/1977/hausfrauen-ehe-abgeschafft/, Stand: 13.9.2015.

54 Gaby Gschwend: Mütter ohne Liebe. Vom Mythos der Mutter und seinen Tabus, Nachdruck der 1. Auflage, Bern 2013, S. 105f.

55 Ebd., S. 106.

56 Ebd., S. 107.

57 Vgl. Martin R. Textor: Wohin mit meinem Kind? Formen und Auswirkungen der Fremdbetreuung, Homepage http://www.kindergartenpaedagogik.de/361.html, Stand: 13.9.2015.

58 Vgl. ebd.

59 Vgl. ebd.

60 Christina Berndt: Krippen schaden nicht, Artikel vom 7.5.2012 auf der Homepage der Süddeutschen Zeitung, http://www.sueddeutsche.de/wissen/mutter-und-kind-krippen-schaden-nicht-1.1025088, Stand: 13.9.2015.

61 Vgl. Christina Mundlos: Mütterterror. Angst, Neid und Aggressionen unter Müttern, 2. erweiterte Auflage, Marburg 2013.

62 Die Selbermachfalle habe ich in meinem dritten Buch und in einem Artikel für die *Psychologie Heute* beschrieben:

Vgl. hierzu Christina Mundlos: Mütterterror. Angst, Neid und Aggressionen unter Müttern, 2. erweiterte Auflage, Marburg 2013, S. 104f.

Vgl. hierzu Christina Mundlos: Der Bastelwahn – Selbstmachen liegt im Trend. Doch was ist so toll am Stricken und Rumwerkeln?, In: Psychologie Heute, 01/2015, S. 74–77.

63 Vgl. Cornelia Behnke, Michael Meuser: Vereinbarkeitsmanagement. Zuständigkeiten und Karrierechancen bei Doppelkarrierepaaren, In: Heike Solga, Christine Wimbauer (Hrsg.): »Wenn zwei das Gleiche tun ...« – Ideal und Realität sozialer (Un-)Gleichheit in Dual Career Couples, Opladen 2005, S. 123–139.

64 Vgl. ebd., S. 130.

65 Orna Donath: Regretting Motherhood: A Sociopolitical Analysis, In: Journal of Women in Culture and Society, 40/2, 2014, S. 353.

66 Christine Carl,: Leben ohne Kinder. Wenn Frauen keine Mütter sein wollen, Hamburg 2002, S. 38.

67 Ebd., S. 38.

68 Ebd., S. 40.

69 Ebd., S. 41.

70 Vgl. ebd., S. 41f.

71 Susie Reinhardt: Wenn Frauen das vorher wüssten, Homepage der taz – die tageszeitung: Artikel vom 4.9.2003, http://www.taz.de/1/archiv/?dig=2003/09/04/a0117, Stand: 6.9.2015.

72 Tanja Dückers: Die kinderlose Frau ist an allem schuld, Homepage der Zeit Online: Artikel vom 4.12.2014, http://www. zeit.de/gesellschaft/ zeitgeschehen/2014-12/kinderlose-tole-ranz, Stand: 6.9.2015.

73 Ebd.

74 Vgl. Homepage von Schweden-Seite.de: http://www.schweden-seite.de/ aus wandern_kinderbetreuung_in_schweden.html, Stand: 6.9.2015.

75 Vgl. ebd.

76 Vgl. Forschungsinstitut zur Zukunft der Arbeit: Betreuungsgeld: Studie belegt negative Effekte, Homepage von urbia.de, http://www.urbia.de/ magazin/familienleben/politik-und-gesellschaft/betreuungsgeld-studie-belegt-negative-effekt, Stand: 18.9.2015.

77 Ebd.

78 Eine detaillierte Beispielrechnung befindet sich hier:

Vgl. Christina Mundlos: Mütterterror. Angst, Neid und Aggressionen unter Müttern, 2. erweiterte Auflage, Marburg 2013, S. 184.

79 Homepage der Zeitschrift Focus, Artikel vom 14.10.2007, Laetitia Seybold: Die Mehrheit will in den Job zurück, http://www.focus.de/ finanzen/karriere/berufsleben/beruf-und-familie/tid-7656/berufstaetige-muetter_ aid_135719.html, Stand: 6.9.2015.

80 Vgl. Christina Mundlos: Mütterterror. Angst, Neid und Aggressionen unter Müttern, 2. erweiterte Auflage, Marburg 2013, S. 200f.

81 Vgl. Christina Mundlos: Mütterterror. Angst, Neid und Aggressionen unter Müttern, 2. erweiterte Auflage, Marburg 2013, S. 201f.

Vgl. Homepage der Peiner Allgemeinen Zeitung: Vöhrumerin schlägt vor: 14 Tage Mutterschutz für Väter, http://www.paz-online.de/Peiner-Land/ Stadt-Peine/Voehrumerin-schlaegt-vor-14-Tage-Mutterschutz-fuer-Vaeter, Stand: 6.9.2015.

82 Christina Mundlos: Mütterterror. Angst, Neid und Aggressionen unter Müttern, 2. erweiterte Auflage, Marburg 2013, S. 202.

83 Vgl. Pressemitteilung Nr. 109 von Destatis – Statistisches Bundesamt, 25.03.2015, Homepage von Destatis: https://www.destatis.de/DE/ PresseService/Presse/Pressemitteilungen/2015/03/PD15_109_22922.html, Stand: 13.9.2015.

84 Vgl. Christina Mundlos: Mütterterror. Angst, Neid und Aggressionen unter Müttern, 2. erweiterte Auflage, Marburg 2013, S. 204.

85 Es gibt ein Siegel für familienfreundliche Unternehmen und Hochschulen von der berufundfamilie gGmbH. Auf der Homepage der berufundfamilie gGmbH kann nachgelesen werden, welche Unternehmen

und Hochschulen sich hieran beteiligen und welche Maßnahmen dort jeweils umgesetzt werden.

Vgl. Homepage der beruf und familie gGmbH, http://www.beruf-und-familie.de/, Stand: 6.9. 2015.

86 Vgl. Homepage der Nationalen Stillkommission, Artikel vom 29.9.2006:

Stillen – es dürfte etwas länger sein, http://www.bfr.bund.de/de/presseinformation/2006/27/stillen___es_duerfte_etwas_laenger_sein_-8416.html, Stand: 6.9.2015.

Vgl. Homepage der Nationalen Stillkommission, Artikel vom 20.6.2005: Stillen ohne wenn und aber, http://www.bfr.bund.de/de/presseinformation/2005/20/stillen_ohne_wenn_und_aber-6434.html, Stand: 6.9.2015.

87 Weitere Ausführungen von mir zum Schönheitsdiktat speziell bei Müttern sind hier zu finden:

Vgl. Christina Mundlos: Mütterterror. Angst, Neid und Aggressionen unter Müttern, 2. erweiterte Auflage, Marburg 2013, S. 138ff.

88 Ebd., S. 207.

89 Vgl. Susanne Baller: Elternwerden macht unglücklicher als der Tod des Partners, Homepage der Zeitschrift stern: Artikel vom 14.8.2015, http://www.stern.de/familie/kinder/studie-ergibt--das-erste-kind-ist-horror-6383346.html, Stand: 6.9.2015.

90 Vgl. ebd.

91 Vgl. Christina Mundlos: Mütterterror. Angst, Neid und Aggressionen unter Müttern, 2. erweiterte Auflage, Marburg 2013.

Auch Cornelie Kister hatte den Mangel an Solidarität und das aggressive und konkurrierende Gesprächsverhalten von Müttern untereinander zuvor bereits beschrieben. Zurückgeführt habe ich dieses Phänomen auf einen mütterlichen Narzissmus, der sowohl das Präsentieren der eigenen Perfektion nach außen als auch das schlechte Gewissen und das Gefühl der Unzulänglichkeit im Inneren bezeichnet und zuvor von Dr. Bärbel Wardetzki mit dem Konzept des »Weiblichen Narzissmus« beschrieben wurde.

Vgl. hierzu Cornelie Kister: Mütter, euer Feind ist weiblich! Wie Frauen sich gegenseitig das Leben zur Hölle machen, Frankfurt am Main 2007.

Vgl. hierzu Bärbel Wardetzki: Weiblicher Narzißmus. Der Hunger nach Anerkennung, 16. Auflage, München 2004.

92 Diesen Eltern-Burn-out beschreiben Bettina Mähler und Peter Musall in ihrem Buch: Vgl. hierzu Bettina Mähler, Peter Musall: Eltern-Burn-out. Wege aus dem Familienstress, 2. Auflage, Hamburg 2007.

93 Vgl. Homepage der berufundfamilie gGmbH, audit familiengerechte hochschule, http://www.beruf-und-familie.de/?c=22, Stand: 6.9.2015

Vgl. Homepage der berufundfamilie gGmbH, das Siegel »beruf und familie«, http://www.beruf-und-familie.de/, Stand: 6.9. 2015.

Vgl. Homepage der Charta Familie in der Hochschule, http://www.familie-in-der-hochschule.de/cms/charta, Stand: 6.9.2015.

Vgl. Heike Fleßner: Familiengerechte Hochschule – eine Herausforderung für politisches Handeln, In: Karin Flaake, Heike Fleßner, Angelika I. Müller, Juliane Pegel (Hrsg.): Familiengerechte Hochschule. Daten – Herausforderungen – Perspektiven, Oldenburger Beiträge zur Geschlechterforschung Band 10, Oldenburg 2008, S. 13–20.

Literaturverzeichnis

Behnke, Cornelia und Meuser, Michael: Vereinbarkeitsmanagement. Zuständigkeiten und Karrierechancen bei Doppelkarrierepaaren, In: Heike Solga, Christine Wimbauer (Hrsg.): »Wenn zwei das Gleiche tun ...« – Ideal und Realität sozialer (Un-)Gleichheit in Dual Career Couples, Opladen 2005, S. 123–139.

Karl Heinz Brisch: Schwangerschaft und Geburt, Stuttgart 2013.

Carl, Christine: Leben ohne Kinder. Wenn Frauen keine Mütter sein wollen, Hamburg 2002.

Donath, Orna: Regretting Motherhood: A Sociopolitical Analysis, In: Journal of Women in Culture and Society, 40/2, 2014, S. 343–367.

Faludi, Susan: Backlash: The Undeclared War Against American Women, 1991.

Fleßner, Heike: Familiengerechte Hochschule – eine Herausforderung für politisches Handeln, In: Karin Flaake, Heike Fleßner, Angelika I. Müller, Juliane Pegel (Hrsg.): Familiengerechte Hochschule. Daten – Herausforderungen – Perspektiven, Oldenburger Beiträge zur Geschlechterforschung Band 10, Oldenburg 2008, S. 13–20.

Galli, Giuseppe: Psychologie der sozialen Tugenden, 2. erweiterte Auflage, Wien/Köln/Weimar 2005.

Gschwend, Gaby: Mütter ohne Liebe. Vom Mythos der Mutter und seinen Tabus, Nachdruck der 1. Auflage, Bern 2013.

Herman, Eva: Die Emanzipation – ein Irrtum?, In: Cicero. Magazin für politische Kultur 5/2006.

Herman, Eva: Das Eva-Prinzip. Für eine neue Weiblichkeit, München 2007.

Kister, Cornelie: Mütter, euer Feind ist weiblich! Wie Frauen sich gegenseitig das Leben zur Hölle machen, Frankfurt am Main 2007.

Kranz, Dirk: ... Was nicht mehr zu ändern ist. Eine Untersuchung zum Gefühl der Reue aus bewältigungstheoretischer Sicht, Berlin 2005.

Lang, Louisa: Mutterliebe. Nur ein Mythos?, Norderstedt 2014.

Mähler, Bettina; Musall, Peter: Eltern-Burn-out. Wege aus dem Familienstress, 2. Auflage, Hamburg 2007.

Maihofer, Andrea: Was wandelt sich im aktuellen Wandel der Familie?, In: Beerjorst, J.; Demirovic, A.; Guggemos, M. (Hrsg.): Kritische Theorie im gesellschaftlichen Strukturwandel, Frankfurt am Main 2004, S. 384–408.

Meves, Christa: Kinderschicksal in unserer Hand. Erfahrungen aus der psychagogischen Praxis, Freiburg/Basel/Wien 1974.

Meves, Christa: Ohne Familie geht es nicht. Ihr Sinn und ihre Gestaltung, Kassel 1983.

Meves, Christa: Es geht um unsere Kinder. Erfahrungen und Einsichten aus der Beratungspraxis, Gießen 1988.

Mundlos, Christina: Der Bastelwahn – Selbstmachen liegt im Trend. Doch was ist so toll am Stricken und Rumwerkeln?, In: Psychologie Heute, 01/2015, S. 74–77.

Mundlos, Christina: Die traditionelle Mutterrolle als Heilsversprechen. Argumentationsanalyse am Beispiel von Eva Herman und Christa Meves, Marburg 2010.

Mundlos, Christina: Mütterterror. Angst, Neid und Aggressionen unter Müttern, 2. erweiterte Auflage, Marburg 2013.

Reinhardt, Susie: Kindheit ist nicht das ganze Leben, In: Psychologie Heute (2/2014), S. 10.

Schenk, Herrad: Die feministische Herausforderung. 150 Jahre Frauenbewegung in Deutschland, 6. Auflage, München 1992.

Vinken, Barbara: Die deutsche Mutter – Der lange Schatten eines Mythos, Frankfurt am Main 2007.

Wardetzki, Bärbel: Weiblicher Narzißmus. Der Hunger nach Anerkennung, 16. Auflage, München 2004.

Quellen aus dem Internet

Homepage der Tagesschau, Michael Stürzenhofecker: Marmorkuchen reicht nicht mehr, http://www.tagesschau.de/inland/mutterschaft-mutter-regretting-motherhood-103.html, Stand: 6.9.2015.

Homepage der Aachener Zeitung, Madeleine Gullert: Unglückliche Mütter, die ihr Leben zurückwollen, http://www.aachener-zeitung.de/lokales/region/unglueckliche-muetter-die-ihr-leben-zurueckwollen-1.1082182, Stand: 6.9.2015.

Homepage von 3Sat, Sendung Kulturzeit, http://www.3sat.de/mediathek/?mode=play&obj=51003, Stand 6.9.2015

Homepage der Süddeutschen Zeitung, Violetta Simon: Wir brauchen Mütter, die ihre Grenzen kennen, http://www.sueddeutsche.de/leben/regretting-motherhood-wir-brauchen-muetter-die-ihre-grenzen-kennen-1.2439821, Stand: 6.9.2015.

Homepage der Süddeutschen Zeitung, Esther Göbel: Sie wollen ihr Leben zurück, http://www.sueddeutsche.de/gesundheit/unglueckliche-muetter-sie-wollen-ihr-leben-zurueck-1.2419449, Stand: 6.9.2015.

Homepage der Zeitschrift Focus, »Rückblickend hätte ich auf Kinder verzichtet« – Darf eine Mutter sowas sagen?, http://www.focus.de/familie/erziehung/etwas-grosses-passiert-gerade-tabubruch-duerfen-frauen-ihre-mutterschaft-bereuen_id_4660291.html, Stand: 6.9.2015.

Homepage der Zeitung Welt, Sara Lemel: Die Mutterschaft macht nicht alle glücklich, http://www.welt.de/vermischtes/article140513358/Die-Mutterschaft-macht-nicht-alle-gluecklich. html, Stand: 6.9.2015.

Homepage der Stuttgarter Zeitung, Violetta Hagen: In der Mutterrolle gefangen, http://www.stuttgarter-zeitung.de/inhalt. frauenforscherin-ueber- regretting-motherhood-in-der-mutterrolle-gefangen.01956cee-a8af-4200-a12c-742b062af7bc.html, Stand: 6.9.2015.

Homepage der Augsburger Allgemeinen, Artikel vom 10.5.2015, Lea Thies: »Ich liebe mein Kind, aber …« – wenn Mütter mit ihrer Rolle hadern, http://www.augsburger-allgemeine.de/ panorama/ Ich-liebe-mein-Kind-aber-wenn-Muetter-mit-ihrer-Rolle-hadern-id33989927.html, Stand: 6.9.2015.

Homepage der Zeitschrift Focus, Artikel vom 14.10.2007, Laetitia Seybold: Die Mehrheit will in den Job zurück, http://www.focus. de/finanzen/karriere/berufsleben/beruf-und-familie/tid-7656/ berufstaetige-muetter_aid_135719.html, Stand: 6.9.2015.

Homepage der Zeit Online: Artikel vom 4.12.2014, Tanja Dückers: Die kinderlose Frau ist an allem schuld, http://www. zeit. de/gesellschaft/zeitgeschehen/2014-12/kinderlose-toleranz, Stand: 6.9.2015.

Homepage der taz – die tageszeitung: Artikel vom 4.9.2003, Susie Reinhardt: Wenn Frauen das vorher wüssten, http://www. taz.de/1/ archiv/?dig=2003/09/04/a0117, Stand: 6.9.2015.

Homepage der Zeitschrift stern: Artikel vom 14.8.2015: Susanne Baller: Elternwerden macht unglücklicher als der Tod des Partners, http://www.stern.de/familie/kinder/studie-ergibt--das-erste-kind-ist-horror-6383346.html, Stand: 6.9.2015.

Homepage der Peiner Allgemeinen Zeitung: Vöhrumerin schlägt vor: 14 Tage Mutterschutz für Väter, http://www.paz-online.de/Peiner-Land/Stadt-Peine/Voehrumerin-schlaegt-vor-14-Tage-Mutterschutz-fuer-Vaeter, Stand: 6.9.2015.

Homepage der Nationalen Stillkommission, Artikel vom 29.9.2006: Stillen – es dürfte etwas länger sein, http://www.bfr. bund.de/de/presseinformation/2006/27/stillen___es_duerfte_etwas_laenger_sein_-8416.html, Stand: 6.9.2015.

Homepage der Nationalen Stillkommission, Artikel vom 20.6.2005: Stillen ohne wenn und aber, http://www.bfr.bund.de/ de/presseinformation/2005/20/stillen_ohne_wenn_und_aber-6434. html, Stand: 6.9.2015.

Homepage der Nationalen Stillkommission, http://www.bfr.bund. de/de/nationale_stillkommission-2404.html, Stand: 6.9. 2015.

Homepage von Schweden-Seite.de: http://www.schweden-seite.de/auswandern_kinderbetreuung_in_schweden.html, Stand: 6.9.2015.

Homepage des Juristischen Projekts der Universität Saarland: http://archiv.jura.uni-saarland.de/BGBl/TEIL1/1994/ 19942846.1.html, Stand: 6.9.2015.

Homepage der berufundfamilie gGmbH, audit familiengerechte hochschule, http://www.beruf-und-familie.de/?c=22, Stand: 6.9.2015

Homepage der beruf und familie gGmbH, das Siegel »beruf und familie«, http://www.beruf-und-familie.de/, Stand: 6.9.2015.

Homepage der Charta Familie in der Hochschule, http://www. familie-in-der-hochschule.de/charta, Stand: 6.9.2015.

Homepage von Destatis – Statistisches Bundesamt, Pressemitteilung Nr. 109, 25.3.2015, https://www.destatis.de/DE/PresseService/Presse/Pressemitteilungen/2015/03/PD15_109_22922.html, Stand: 13.9.2015.

Homepage des Müttergenesungswerks: Bericht zur Jahrespressekonferenz des Müttergenesungswerks 2015 – Zahlen und Fakten: http://www.muettergenesungswerk.de/uploads/635/MGW_Jahrespressekonferenz_2015_Zahlen_und_Fakten.pdf, Stand: 13.9.2015.

Homepage von kindergartenpaedagogik.de: Martin R. Textor:
Wohin mit meinem Kind? Formen und Auswirkungen der
Fremdbetreuung, http://www.kindergartenpaedagogik.de/361.html,
Stand: 13.9.2015.

Homepage der Süddeutschen Zeitung, Christina Berndt: Krippen
schaden nicht, Artikel vom 7.5.2012, http://www.sueddeutsche.
de/wissen/mutter-und-kind-krippen-schaden-nicht-1.1025088,
Stand: 13.9.2015.

Homepage von sexism-sells.de: Katharina Voß: Postfeminismus
und antifeministischer Backlash, http://www.sexism-sells.so36.net/
Postfeminismus.html, Stand: 13.9.2015.

Homepage des FrauenMediaTurms: Hausfrauen-Ehe abgeschafft,
http://www.frauenmediaturm.de/themen-portraets/chronik-der-
neuen-frauenbewegung/1977/hausfrauen-ehe-abgeschafft/, Stand:
13.9.2015.

Homepage von urbia.de, Forschungsinstitut zur Zukunft der Arbeit:
Betreuungsgeld: Studie belegt negative Effekte, http://www.urbia.
de/magazin/familienleben/politik-und-gesellschaft/betreuungsgeld-
studie-belegt-negative-effekte, Stand: 18.9.2015.

224 Seiten
Preis: 17,99 € (D)
ISBN: 978-3-86882-559-6

Katerina Jacob

Oh (weia) Kanada

1997 erfüllte sich Katerina Jacob ihren Kindheitstraum und reiste in das Land der Bisons, Bären und Indianer. Dort fand sie nicht nur die Liebe ihres Lebens, sondern verliebte sich auch so sehr in dieses großartige Land, dass sie beschloss, das Abenteuer einer Auswanderung auf sich zu nehmen. Sie lässt uns teilhaben an ihrem Neustart in diesem wilden, weiten Land und zeigt uns mit gut beobachteten, witzigen, ungewöhnlichen und manchmal auch sehr berührenden Geschichten ein völlig neues Kanada.

mvgverlag

Caroline Allard

GLEICH KLATSCHT ES, ABER KEINEN BEIFALL

Sternstunden des Mutterglücks

Unzensierter Insiderbericht

mvgverlag

224 Seiten
Preis: 9,99 €
ISBN: 978-3-86882-548-0

Caroline Allard

Gleich klatscht es, aber keinen Beifall

Das Leben mit Kindern ist manchmal schon ziemlich ätzend, das weiß im Grunde ihres Herzens jede Mutter. Doch es gibt nur wenige, die sich trauen, das auch offen auszusprechen. Aber es ist nun mal so – Kinder nerven, sie nuscheln am Telefon, sie essen widerliche Sachen. Anstrengende Helikoptereltern und perfektionistische Tanten sind dann nur noch das Tüpfelchen auf dem i im verrückten Mütter-Alltag. Dieses Buch spricht so mancher Mutter aus dem schwarzen Herzen.